Trading für Alle
Von den Grundlagen bis zur Profitabilität

In diesem Buch werden wir gemeinsam die Grundlagen des Tradings erkunden, von verschiedenen Handelsstrategien bis hin zu bewährten Methoden im Risikomanagement. Ich möchte, dass Sie am Ende dieses Buches nicht nur die technischen Aspekte des Tradings verstehen, sondern auch die psychologischen Herausforderungen meistern können, die mit dieser spannenden Tätigkeit einhergehen.

Also lassen Sie uns gemeinsam in die Welt des Tradings eintauchen und gemeinsam lernen, wie man die Finanzmärkte erfolgreich navigiert.

Erfahre, wie du fundierte Entscheidungen in volatilen Märkten triffst, Risiken minimierst und Gewinne maximierst. Von der Analyse von Charts und Indikatoren bis zur Entwicklung einer eigenen Handelsstrategie - dieses Buch bietet einen klaren, leicht verständlichen Ansatz für jeden, der sein Trading auf die nächste Stufe bringen möchte.

Zu den Themen gehören:

- Grundlagen des Tradings: Von Begriffen bis zu Markttypen.

- Technische und fundamentale Analyse: Werkzeuge zur Informationsbeschaffung.

- Risikomanagement: Schütze dein Kapital und minimiere Verluste.

- Psychologie des Tradings: Emotionen meistern und diszipliniert handeln.

- Praktische Beispiele und Fallstudien: Anwendungen im realen Markt.

Themenbereiche Trading

1. Grundlagen des Tradings: Hier könnten wir über Begriffe wie Aktien, Rohstoffe, Devisen, Indizes usw. sprechen und erklären, wie diese gehandelt werden.

2. Verschiedene Analysen: Wie man Unternehmen oder Märkte analysiert, um Charttechnische und fundierte Handelsentscheidungen zu treffen, basierend auf wirtschaftlichen Indikatoren, Unternehmensberichten usw.

3. Verschiedene Handelsstrategien: Hier könnten wir über Swing-Trading, Day-Trading, Scalping und andere Ansätze sprechen.

4. Risikomanagement: Wie man sein Kapital schützt und effektiv verwaltet, um Verluste zu minimieren.

5. Psychologie des Tradings: Die mentale Seite des Tradings, einschließlich Disziplin, Emotionen und Stressbewältigung.

6.Handelsplattformen und Tools: Eine Übersicht über die verschiedenen Plattformen und Werkzeuge, die Trader verwenden können.

7. Beispiele und Fallstudien: Konkrete Beispiele erfolgreicher Trades oder Fallstudien von bekannten Tradern könnten hilfreich sein.

8. Aktienhandel: Der Kauf und Verkauf von Unternehmensanteilen an Börsen.

9. Devisenhandel (Forex): Der Handel mit Währungspaaren auf dem Devisenmarkt.

10. Rohstoffhandel: Dies umfasst den Handel mit physischen Rohstoffen wie Gold, Öl, Agrarrohstoffen usw.

11. Kryptowährungen: Der Kauf und Verkauf digitaler Währungen wie Bitcoin, Ethereum, etc.

12. Optionen und Futures: Hierbei handelt es sich um Finanzderivate, die den Käufern das Recht, aber nicht die Verpflichtung geben, einen bestimmten Vermögenswert zu einem festgelegten Preis zu kaufen oder zu verkaufen.

13. Anleihenhandel: Der Handel mit festverzinslichen Wertpapieren, bei denen Anleger dem Emittenten Geld leihen und dafür Zinsen erhalten.

14. ETFs (Exchange-Traded Funds): Investmentfonds, die an Börsen gehandelt werden und oft einen Index oder einen Korb von Vermögenswerten nachbilden.

15. Derivate und komplexe Finanzprodukte: Dazu gehören Swaps, strukturierte Produkte und andere komplexe Finanzinstrumente.

16. Algorithmisches Trading und Hochfrequenzhandel: Hierbei handelt es sich um den Einsatz von Algorithmen und Computern für den automatisierten Handel.

17. Portfolio-Diversifikation: Strategien, um Risiken zu minimieren und das Portfolio zu optimieren.

Grundlegenden Begriffe im Trading

1. Markt: Der Ort, an dem Käufer und Verkäufer zusammenkommen, um Finanzinstrumente zu handeln.

2. Finanzinstrumente: Wertpapiere, die auf dem Markt gehandelt werden, wie Aktien, Devisen, Anleihen, Rohstoffe und Derivate.

3. Käufer (Bullen) und Verkäufer (Bären): Käufer sind Trader, die erwarten, dass der Preis steigen wird. Verkäufer sind Trader, die erwarten, dass der Preis fallen wird.

4. Angebot und Nachfrage: Der Preis eines Finanzinstruments wird durch das Zusammenspiel von Angebot (Menge, die verkauft werden soll) und Nachfrage (Menge, die gekauft werden möchte) bestimmt.

5. Kurs (Price): Der aktuelle Preis eines Finanzinstruments.

6. Börsenmakler (Broker): Eine Firma oder Plattform, die den Handel von Finanzinstrumenten ermöglicht. Der Broker nimmt Aufträge entgegen und führt sie aus.

7. Lange Position (Long): Der Kauf eines Finanzinstruments mit der Absicht, es zu einem höheren Preis zu verkaufen.

8. Kurze Position (Short): Der Verkauf eines Finanzinstruments mit der Absicht, es zu einem niedrigeren Preis zurückzukaufen.

9. Hebelwirkung (Leverage): Die Fähigkeit, eine größere Position zu kontrollieren, als es mit dem verfügbaren Kapital allein möglich wäre. Es verstärkt sowohl Gewinne als auch Verluste.

10. Spread: Die Differenz zwischen Kauf- und Verkaufspreis eines Finanzinstruments. Es ist die Gebühr für die Ausführung eines Trades.

11. Pip: Die kleinste Preisänderung in einem Devisenmarkt.

12. Liquidität: Die Fähigkeit, ein Finanzinstrument schnell zu kaufen oder zu verkaufen, ohne dass der Preis stark schwankt.

13. Volatilität: Die Schwankungsbreite der Preise eines Finanzinstruments. Hohe Volatilität bedeutet größere Preisbewegungen.

14. Stop-Loss Order: Eine vordefinierte Verkaufsorder, die ausgelöst wird, wenn der Preis ein bestimmtes Niveau erreicht, um Verluste zu begrenzen.

15. Take-Profit Order: Eine vordefinierte Verkaufsorder, die ausgelöst wird, wenn der Preis einen bestimmten Gewinn erreicht.

16. Margin: Der Betrag, den ein Trader beim Eröffnen einer Position als Sicherheit hinterlegt.

17. Margin Call: Eine Aufforderung des Brokers, zusätzliche Mittel einzuzahlen, um eine offene Position zu halten, wenn die Verluste zu hoch sind.

18. Day Trading: Das Öffnen und Schließen von Positionen innerhalb des gleichen Handelstages.

19. Swing Trading: Das Halten von Positionen über mehrere Tage oder Wochen, um von mittelfristigen Preisbewegungen zu profitieren.

20. Fundamentalanalyse: Die Bewertung eines Finanzinstruments basierend auf wirtschaftlichen, finanziellen und anderen nicht-technischen Faktoren.

21. Technische Analyse: Die Analyse von Charts und Preisbewegungen zur Vorhersage zukünftiger Kursentwicklungen.

22. Risikomanagement: Die Strategien und Techniken, die verwendet werden, um Verluste zu minimieren.

Das sind einige der grundlegenden Begriffe, die im Trading verwendet werden. Es gibt noch viele weitere spezifische Konzepte und Strategien, aber diese hier bilden eine solide Grundlage.

Verschiedene Trading Analysen

Es gibt verschiedene Arten von Trading-Analysen, die Händler verwenden, um Entscheidungen zu treffen. Hier sind einige der häufigsten Arten von Analysen:

1. Technische Analyse: Hierbei werden historische Preis- und Volumendaten verwendet, um zukünftige Kursbewegungen vorherzusagen. Technische Analysten verwenden Charts, Indikatoren und andere Werkzeuge, um Trends zu identifizieren und Handelsmöglichkeiten zu finden.

2. Fundamentalanalyse: Diese Art der Analyse betrachtet fundamentale Faktoren wie Unternehmensgewinne, Umsatz, Bilanz, Wirtschaftsindikatoren und andere finanzielle Kennzahlen, um den wahren Wert eines Vermögenswerts zu bestimmen.

3. Quantitative Analyse: Diese Methode verwendet mathematische Modelle, statistische Techniken und Computerprogramme, um Handelsentscheidungen zu treffen. Es werden Algorithmen entwickelt, um bestimmte Muster in Daten zu erkennen.

4. Event-Driven-Analyse: Diese Analyse bezieht sich auf die Auswirkungen von spezifischen Ereignissen wie Unternehmensankündigungen, Wirtschaftsberichten oder politischen Entwicklungen auf den Markt.

5. Top-Down- und Bottom-Up-Ansatz: Beim Top-Down-Ansatz beginnt die Analyse auf makroökonomischer Ebene (z.B. Wirtschaftsdaten) und geht dann auf spezifische Vermögenswerte über. Beim Bottom-Up-Ansatz beginnt man mit der Analyse spezifischer Vermögenswerte und arbeitet sich dann zu größeren Markteinflüssen vor.

6. Intermarket-Analyse: Hierbei werden Beziehungen zwischen verschiedenen Märkten (z.B. Aktien, Anleihen, Rohstoffen) untersucht, um mögliche Zusammenhänge und Handelsmöglichkeiten zu identifizieren.

7. Saisonalität und Zyklen Analyse: Diese Analyse bezieht sich auf die Untersuchung von wiederkehrenden Mustern und Zyklen in den Märkten, die auf saisonale oder andere regelmäßige Ereignisse zurückzuführen sind.

Es ist wichtig zu beachten, dass viele Trader eine Kombination dieser verschiedenen Analysen verwenden, um informierte Entscheidungen zu treffen. Es gibt keine

"eine richtige Methode", und es ist oft sinnvoll, mehrere Ansätze zu kombinieren.

Technische Analyse

Die technische Analyse bezieht sich auf eine Vielzahl von Werkzeugen und Techniken, die verwendet werden, um Preisbewegungen von Finanzinstrumenten zu untersuchen. Hier sind einige Schlüsselkonzepte im Detail:

1. **Preis-Charts**: Preis-Charts sind grafische Darstellungen von historischen Preisbewegungen eines Vermögenswerts über einen bestimmten Zeitraum. Die häufigsten Arten sind Linien-, Balken- und Kerzencharts. Diese Charts zeigen den Eröffnungs-, Schluss-, Hoch- und Tiefstkurs für einen bestimmten Zeitraum.

2. **Trendlinien**: Trendlinien sind Linien, die auf einem Chart gezogen werden, um den allgemeinen Trend eines Vermögenswerts zu visualisieren. Eine Aufwärtstrendlinie verbindet Tiefpunkte, während eine Abwärtstrendlinie Hochpunkte verbindet.

3. **Unterstützungs- und Widerstandszonen**: Dies sind Preisniveaus, bei denen ein Vermögenswert tendenziell Schwierigkeiten hat, durchzubrechen. Eine Unterstützungszone ist ein Niveau, bei dem der Preis nach unten hin gebremst wird, während eine Widerstandszonen den Aufwärtstrend stoppt.

4. Indikatoren: Diese sind mathematische Berechnungen basierend auf Preis und/oder Handelsvolumen. Beispiele sind der Relative Strength Index (RSI), der Moving Average Convergence Divergence (MACD) und der Stochastic Oscillator. Diese Indikatoren geben Hinweise auf überkaufte oder überverkaufte Bedingungen und können helfen, mögliche Trendumkehrungen zu erkennen.

5. Chartmuster: Dies sind spezifische Formationen, die auf Preis-Charts auftreten können, wie zum Beispiel Kopf und Schultern, Umkehrmuster oder Fortsetzungsmuster. Diese Muster können verwendet werden, um mögliche Wendepunkte im Preisverlauf zu erkennen.

6. Gleitende Durchschnitte: Diese sind statistische Berechnungen, die den durchschnittlichen Preis eines Vermögenswerts über einen bestimmten Zeitraum anzeigen. Sie helfen dabei, den allgemeinen Trend zu glätten und mögliche Umkehrpunkte zu identifizieren.

7. Handelsvolumen: Das Handelsvolumen zeigt die Anzahl der gehandelten Einheiten eines Vermögenswerts an. Es wird oft verwendet, um die Stärke oder Schwäche eines Trends zu bestimmen.

Es ist wichtig zu beachten, dass die technische Analyse auf der Annahme beruht, dass historische Preisbewegungen Hinweise auf zukünftige Kursentwicklungen geben können. Es ist jedoch keine absolute Vorhersagemethode und beinhaltet immer ein gewisses Maß an Risiko. Daher verwenden viele Anleger eine Kombination aus technischer und fundamentaler Analyse, um fundierte Entscheidungen zu treffen.

Indikatoren

Es gibt viele verschiedene Indikatoren beim Trading, die Händler verwenden, um Markttrends zu analysieren und Entscheidungen zu treffen.

Hier sind einige der gängigsten:

1. Gleitende Durchschnitte (Moving Averages): Diese zeigen den durchschnittlichen Kurs über einen bestimmten Zeitraum an. Sie werden verwendet, um Trends zu glätten und potenzielle Umkehrpunkte zu identifizieren.

2. Relative Strength Index (RSI): Der RSI misst die Geschwindigkeit und Richtung eines Kursverlaufs und liegt zwischen 0 und 100. Ein Wert über 70 deutet auf überkaufte Bedingungen hin, während ein Wert unter 30 auf überverkaufte Bedingungen hinweist.

3. Moving Average Convergence Divergence (MACD): Dieser Indikator besteht aus zwei Linien, der MACD-Linie und der Signallinie. Er wird verwendet, um Momentum und mögliche Trendumkehrpunkte zu identifizieren.

4. Bollinger-Bänder: Diese bestehen aus einer Mittellinie, die durch den gleitenden Durchschnitt gebildet wird, und zwei äußeren Bändern, die die Volatilität des Marktes anzeigen. Sie werden verwendet, um zu sehen, ob ein Markt überkauft oder überverkauft ist.

5. Stochastischer Oszillator: Dieser Indikator vergleicht den aktuellen Schlusskurs mit einem bestimmten Preisbereich über einen bestimmten Zeitraum. Er hilft dabei, überkaufte und überverkaufte Bedingungen zu erkennen.

6. Fibonacci-Retracements: Diese werden verwendet, um mögliche Unterstützungs- und Widerstandsniveaus zu identifizieren, indem sie basierend auf vorherigen Kursbewegungen mathematische Niveaus projizieren.

7. Volume (Handelsvolumen): Das Handelsvolumen gibt an, wie viele Aktien oder Kontrakte während eines bestimmten Zeitraums gehandelt wurden. Es kann Hinweise auf die Stärke eines Trends oder eine mögliche Umkehr geben.

8. Ichimoku-Wolke: Dieser Indikator besteht aus mehreren Linien, die zusammen eine Wolke bilden. Er bietet Informationen zu Unterstützungs- und Widerstandsniveaus, sowie potenziellen Trendrichtungen.

Es ist wichtig zu beachten, dass kein einzelner Indikator perfekt ist und sie immer zusammen mit anderen Informationen und Analysen verwendet werden sollten.

Jeder Indikator hat seine eigenen Stärken und Schwächen, und es ist wichtig, sie in den Kontext des Gesamtbildes des Marktes zu setzen.

Chartmuster Beispiele

Es gibt eine Vielzahl von Chartmustern, die Händler verwenden, um Handelsmöglichkeiten zu identifizieren. Hier sind einige häufige Beispiele:

1. Kopf und Schultern (Head and Shoulders): Dies ist ein Umkehrmuster, das darauf hindeutet, dass ein Aufwärtstrend enden und ein Abwärtstrend beginnen könnte.

2. Doppelte Spitze / Doppelboden (Double Top / Double Bottom): Diese Muster zeigen mögliche Trendumkehrungen an. Eine Doppelte Spitze tritt in einem Aufwärtstrend auf, während ein Doppelboden in einem Abwärtstrend auftritt.

3. Aufwärts gerichtete Dreiecke (Ascending Triangle) und Abwärts gerichtete Dreiecke (Descending Triangle): Diese Muster können auf eine bevorstehende Ausbreitung des Preises hindeuten.

4. Konsolidierungsmuster (Flaggen und Wimpel):
Diese Muster treten oft nach einer starken Preisbewegung auf und deuten auf eine mögliche Fortsetzung dieser Bewegung hin.

Flaggen und Wimpel

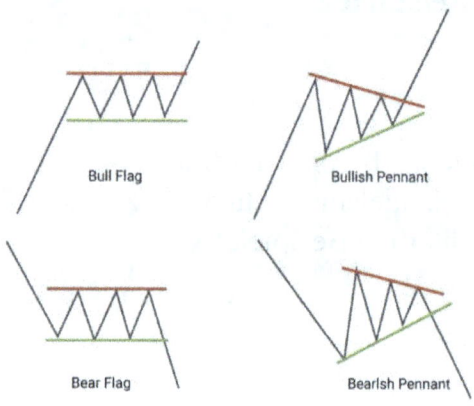

5. Umgekehrte Kopf und Schultern (Inverse Head and Shoulders):
Dies ist ein Umkehrmuster, das darauf hindeutet, dass ein Abwärtstrend enden und ein Aufwärtstrend beginnen könnte.

6. Rounding Bottom / Rounding Top (Schulter-Kopf-Schulter):
Diese Muster ähneln dem Kopf und Schultern-Muster, jedoch in einer abgerundeten Form.

7. Rechteckmuster (Rectangle Pattern): Dieses Muster zeigt eine seitwärts gerichtete Konsolidierungsphase an, in der der Preis in einem bestimmten Bereich gehandelt wird.

8. Tassen und Henkel (Cup and Handle): Dies ist ein bullish Formation, bei der sich ein tassenförmiges Muster bildet, gefolgt von einem kleinen Rückgang (der "Henkel") vor einem möglichen Aufwärtstrend.

9. Schulter-Kopf-Schulter-Formation (Head and Shoulders Top): Dies ist das umgekehrte Gegenstück zur klassischen Kopf und Schultern-Formation und deutet auf eine mögliche Trendumkehr von aufwärts nach abwärts hin.

10. Aufwärts gerichtete Keile (Rising Wedge) und Abwärts gerichtete Keile (Falling Wedge): Diese Muster ähneln Dreiecken, können jedoch sowohl Umkehr- als auch Fortsetzungsmuster sein.

11.Flagge im Aufwärtstrend (Bull Flag) und Flagge im Abwärtstrend (Bear Flag): Diese Muster treten oft nach einem starken Preisanstieg oder -rückgang auf und deuten auf eine mögliche Fortsetzung der vorherigen Bewegung hin.

steigend
fallend
symmetrisch

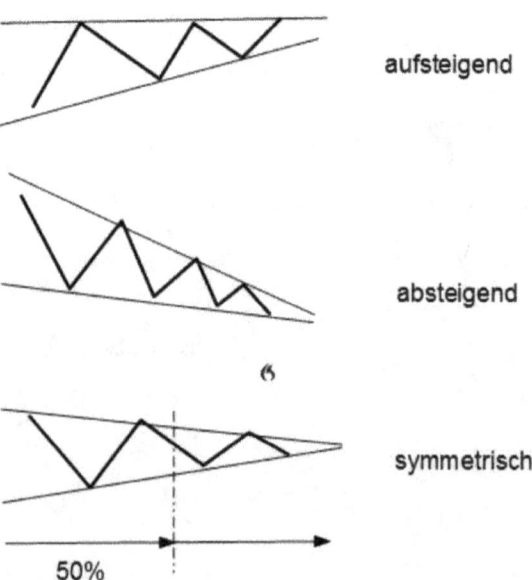

aufsteigend

absteigend

symmetrisch

50%

12.Pennant: Ähnlich wie die Flagge, zeigt ein Pennant eine kurze Konsolidierungsphase an, gefolgt von einer erwarteten Fortsetzung der vorherigen Bewegung.

13.Diamantmuster (Diamond Pattern): Dieses Muster deutet auf eine mögliche Umkehrung oder Trendumkehr hin und sieht aus wie ein Diamant mit zwei Dreiecken.

Es ist wichtig zu beachten, dass Chartmuster keine Garantie für zukünftige Preisbewegungen sind und nur als Teil einer umfassenden Handelsstrategie verwendet werden sollten. Trader verwenden oft eine Kombination aus Chartmustern, technischen Indikatoren und Fundamentalanalyse, um fundierte Handelsentscheidungen zu treffen.

Fundamentale Analyse

Die fundamentale Analyse ist eine Methode zur Bewertung von Finanzanlagen, bei der verschiedene wirtschaftliche, finanzielle und andere qualitative Faktoren eines Unternehmens oder einer Anlageklasse untersucht werden. Im Gegensatz zur technischen Analyse, die sich auf Preisbewegungen und Handelsvolumen konzentriert, betrachtet die fundamentale Analyse die zugrunde liegenden Eigenschaften und Kennzahlen eines Vermögenswerts. Hier sind einige Schlüsselkonzepte im Detail:

1. Unternehmensgewinne und Erträge: Die fundamentale Analyse untersucht die finanzielle Gesundheit eines Unternehmens, indem sie Einkommensrechnungen, Gewinn- und Verlustrechnungen, Cashflow-Statements und Bilanzen analysiert. Hierbei wird beispielsweise auf Umsätze, Gewinne, Kosten, Schulden und Cashflows geachtet.

2. Wirtschaftliche Indikatoren: Dies schließt Faktoren ein, die die allgemeine Wirtschaftslage beeinflussen können, wie zum Beispiel Inflation, Zinssätze, Arbeitslosenquote, Bruttoinlandsprodukt (BIP) und Handelsbilanzen. Diese Faktoren können Auswirkungen auf die Performance von Unternehmen und Märkten haben.

3. Branchenanalyse: Es wird analysiert, wie ein Unternehmen in Bezug auf seine Branche abschneidet. Dies kann bedeuten, den Wettbewerb, Markttrends und regulatorische Faktoren zu bewerten.

4. Management und Governance: Die Qualität des Managements eines Unternehmens, seine Führungsstruktur und die Effizienz seiner Unternehmensführung sind wichtige Aspekte der fundamentalen Analyse.

5. Wettbewerbsvorteile (Wirtschaftsmoat): Die fundamentale Analyse zielt darauf ab, herauszufinden, ob ein Unternehmen einen nachhaltigen Wettbewerbsvorteil hat, der es von anderen in seiner Branche abhebt. Dies könnte durch ein starkes Markenimage, proprietäre Technologien, Netzwerkeffekte oder andere Faktoren erreicht werden.

6. Bewertungsmethoden: Es werden verschiedene Bewertungsmethoden verwendet, um den fairen Wert eines Vermögenswerts zu ermitteln. Dazu gehören die Kurs-Gewinn-Verhältnis (KGV), das Kurs-Buchwert-Verhältnis (KBV), die Discounted Cashflow-Analyse (DCF) und andere.

Die fundamentale Analyse zielt darauf ab, den inneren Wert eines Vermögenswerts zu ermitteln, um festzustellen, ob er über- oder unterbewertet ist. Es ist eine langfristige Perspektive und wird oft von langfristigen Investoren angewendet, die beabsichtigen, Vermögenswerte über einen längeren Zeitraum zu halten.

Quantitative Analyse

Die Quantitative Analyse beim Trading bezieht sich auf die Verwendung von mathematischen und statistischen Modellen, um Handelsentscheidungen zu treffen. Sie basiert auf der Analyse von quantitativen Daten wie historischen Kursen, Volumen, Volatilität und anderen Finanzkennzahlen. Diese Daten werden verwendet, um Muster zu identifizieren und Prognosen über zukünftige Kursbewegungen zu treffen.

Hier sind die Schlüsselpunkte zur Quantitativen Analyse beim Trading:

1. Mathematische und statistische Modelle: Verwendung von mathematischen Formeln und statistischen Methoden zur Analyse von Finanzdaten.

2. Quantitative Daten: Analyse von messbaren Daten wie historischen Kursen, Handelsvolumen, Volatilität und anderen Kennzahlen.

3. Mustererkennung: Identifikation von wiederkehrenden Mustern in den Daten, die auf potenzielle Handelschancen hindeuten können.

4. Prognose zukünftiger Kursbewegungen: Nutzung der analysierten Daten, um Vorhersagen über mögliche zukünftige Entwicklungen im Finanzmarkt zu treffen.

5. Algorithmischer Handel: Einsatz von Computeralgorithmen zur automatisierten Ausführung von Handelsstrategien basierend auf quantitativen Analysen.

6. Risikomanagementoptimierung: Verwendung quantitativer Modelle zur Minimierung von Risiken und Maximierung von potenziellen Gewinnen.

7. Portfoliodiversifikation: Nutzung quantitativer Analysen, um ein Portfolio mit unterschiedlichen Anlageinstrumenten zu gestalten, um das Risiko zu streuen.

Es ist wichtig zu betonen, dass die Quantitative Analyse eine von verschiedenen Herangehensweisen beim Trading ist und oft in Verbindung mit anderen Analysemethoden genutzt wird.

Event-Driven-Analyse

Die Event-Driven-Analyse ist eine Methode zur Bewertung von Investitionsmöglichkeiten, die auf spezifischen Ereignissen oder Nachrichten basiert, die sich auf ein Unternehmen, eine Branche oder den gesamten Markt auswirken können.

Hier sind einige wichtige Punkte zur Event-Driven-Analyse:

1. Fokus auf spezifischen Ereignissen: Diese Analyse konzentriert sich auf bestimmte, identifizierbare Ereignisse, wie z.B. Unternehmensankündigungen, Fusionen, Übernahmen, Earnings Reports, politische Ereignisse oder wirtschaftliche Indikatoren.

2. Einfluss auf den Marktpreis: Das Ziel ist es, vorherzusagen, wie solche Ereignisse den Marktpreis von Wertpapieren beeinflussen könnten.

3. Zeitlich begrenzter Charakter: Event-Driven-Analysen sind zeitlich begrenzt, da sie auf bestimmten vorhersehbaren Ereignissen basieren. Nach dem Ereignis verliert die Analyse oft an Relevanz.

4. Arten von Event-Driven-Strategien: Dazu gehören Ereignis Arbitrage (ausnutzen von Preisunterschieden vor und nach einem Ereignis), Merger Arbitrage (Handel im Zusammenhang mit Fusionen und Übernahmen) und Special Situation Trading (Handel basierend auf einzigartigen Ereignissen).

5. Risiken und Chancen: Event-Driven-Analysen bieten die Möglichkeit, von kurzfristigen Kursbewegungen zu profitieren. Allerdings bergen sie auch Risiken, da es schwer vorherzusagen ist, wie der Markt auf ein bestimmtes Ereignis reagieren wird.

6. Kombination mit anderen Analysen: Viele Investoren kombinieren Event-Driven-Analysen mit anderen Methoden wie der fundamental- und technischen Analyse, um fundiertere Entscheidungen zu treffen.

Es ist wichtig zu betonen, dass die Event-Driven-Analyse eine von vielen Strategien im Bereich des Investierens ist und nicht immer erfolgreich ist. Es erfordert ein gründliches Verständnis der Märkte und eine sorgfältige Beobachtung von Nachrichten und Ereignissen.

Die Top-Down- und Bottom-Up-Analyse

Die Top-Down- und Bottom-Up-Ansätze sind zwei unterschiedliche Herangehensweisen zur Analyse von Investments.

Hier sind die Schlüsselpunkte zu beiden Ansätzen:

Top-Down-Ansatz

1. Gesamtansicht des Marktes: Beginnt mit einer umfassenden Analyse der makroökonomischen Faktoren wie Wirtschaftslage, Zinsen, Inflation, politische Rahmenbedingungen und Branchentrends.

2. Branchenauswahl: Nach der Bewertung des gesamtwirtschaftlichen Umfelds werden aussichtsreiche Branchen identifiziert, die voraussichtlich in diesem Kontext gut abschneiden werden.

3. Unternehmensauswahl: Nach der Branchenauswahl werden Unternehmen innerhalb dieser Branchen bewertet, um diejenigen zu identifizieren, die sich am besten in der gegebenen Wirtschaftssituation positionieren.

4. Investitionsentscheidung: Nach der Auswahl von vielversprechenden Unternehmen wird entschieden, in welche davon investiert wird.

5. Risikomanagement: Es werden Strategien entwickelt, um Risiken zu minimieren, die mit der gesamtwirtschaftlichen Lage und der ausgewählten Branche verbunden sind.

Bottom-Up-Ansatz

1. Unternehmensspezifische Analyse: Beginnt mit der gründlichen Analyse einzelner Unternehmen, unabhängig von der allgemeinen Marktlage oder Branchentrends.

2. Fundamentalanalyse: Untersucht die finanzielle Gesundheit, Gewinnmargen, Umsatzwachstum, Bilanzkennzahlen und andere Faktoren, um die Stärken und Schwächen eines Unternehmens zu bewerten.

3. Unternehmensauswahl: Basierend auf der Unternehmensanalyse werden die vielversprechendsten Unternehmen identifiziert, in die investiert werden könnte.

4. Branchenkontext: Nach Auswahl der Unternehmen kann eine Überprüfung des Branchenumfelds erfolgen, um sicherzustellen, dass das Unternehmen in einer aussichtsreichen Branche tätig ist.

5. Investitionsentscheidung: Aufgrund der spezifischen Unternehmensanalysen wird entschieden, welche Unternehmen in das Portfolio aufgenommen werden.

6. Risikomanagement: Es werden Strategien entwickelt, um unternehmensspezifische Risiken zu minimieren.

Beide Ansätze haben ihre Vor- und Nachteile und werden oft je nach den Zielen des Investors und der verfügbaren Informationen kombiniert. Der Top-Down-Ansatz betont die Bedeutung der makroökonomischen Faktoren, während der Bottom-Up-Ansatz stark auf die Unternehmensebene fokussiert ist.

Intermarket-Analyse

Die Intermarket-Analyse ist eine Methode zur Bewertung von Finanzmärkten, die auf der Untersuchung von Beziehungen zwischen verschiedenen Marktklassen basiert.

Hier sind einige wichtige Punkte zur Intermarket-Analyse:

1. Betrachtung mehrerer Märkte: Die Intermarket-Analyse untersucht nicht nur einen einzelnen Markt, sondern analysiert die Wechselwirkungen zwischen verschiedenen Märkten wie Aktien, Anleihen, Devisen und Rohstoffen.

2. Wechselwirkungen erkennen: Sie zielt darauf ab, Verbindungen und Wechselwirkungen zwischen verschiedenen Märkten zu identifizieren. Beispielsweise kann eine Änderung der Zinsen Auswirkungen auf Aktien- und Anleihenmärkte haben.

3. Verwendung von Indikatoren: Es werden Indikatoren wie Korrelationen zwischen verschiedenen Märkten, relative Stärke und technische Analysen verwendet, um mögliche Handelsmöglichkeiten abzuleiten.

4. Frühwarnsignale: Die Intermarket-Analyse kann Frühwarnsignale für bevorstehende Veränderungen in einem Markt liefern, basierend auf den Entwicklungen in anderen verwandten Märkten.

5. Diversifikation und Risikomanagement: Durch das Verständnis der Wechselwirkungen zwischen verschiedenen Märkten können Investoren ihre Portfolios besser diversifizieren und potenzielle Risiken besser managen.

6. Einflussfaktoren: Die Analyse berücksichtigt Faktoren wie Zinsen, Inflation, Währungsbewegungen, Rohstoffpreise und geopolitische Ereignisse, um mögliche Auswirkungen auf die Märkte zu verstehen.

Es ist wichtig zu beachten, dass die Intermarket-Analyse keine Garantie für erfolgreiche Investitionen ist und Risiken beinhaltet. Sie dient dazu, ein breiteres Verständnis für die komplexen Zusammenhänge zwischen verschiedenen Finanzmärkten zu entwickeln. Investoren nutzen diese Art der Analyse oft in Verbindung mit anderen Ansätzen, um fundierte Entscheidungen zu treffen.

Saisonalität und Zyklen Analyse

Die Saisonalität und Zyklen Analyse sind zwei Ansätze zur Bewertung von Finanzmärkten, die auf wiederkehrenden Mustern und Zyklen basieren.

Hier sind einige wichtige Punkte zu beiden Ansätzen:

Saisonalität

1. Wiederkehrende Muster: Die Saisonalität bezieht sich auf wiederkehrende Muster in den Daten, die sich mit bestimmten Jahreszeiten oder Zeiträumen verbinden. Zum Beispiel könnten bestimmte Branchen während der Ferienzeit bessere Ergebnisse erzielen.

2. Ursachen für Saisonalität: Sie kann durch eine Vielzahl von Faktoren beeinflusst werden, einschließlich saisonaler Veränderungen im Konsumverhalten, landwirtschaftlicher Ernten, Wetterbedingungen und wirtschaftlicher Zyklen.

3. Anwendung in verschiedenen Märkten: Saisonalität kann in verschiedenen Märkten beobachtet werden, von Aktien und Rohstoffen bis hin zu Devisenmärkten.

4. Handelsstrategien: Investoren können versuchen, von saisonalen Mustern zu profitieren, indem sie zu bestimmten Zeiten kaufen oder verkaufen, basierend auf historischen Trends.

Zyklen Analyse

1. Untersuchung wiederkehrender Zyklen: Zyklen Analyse bezieht sich auf die Untersuchung von wiederkehrenden Phänomenen, die in den Finanzmärkten auftreten können. Diese Zyklen können auf verschiedenen Zeitskalen auftreten, von kurzfristigen Tages- oder Wochenzyklen bis zu langfristigen Konjunkturzyklen.

2. Arten von Zyklen: Zu den verschiedenen Arten von Zyklen gehören wirtschaftliche Zyklen (wie Konjunktur- und Rezessionszyklen), saisonale Zyklen (wie saisonale Schwankungen in der Wirtschaftsleistung) und technische Zyklen (wie Trends und Muster in Preisbewegungen).

3. Prognosen und Timing: Zyklen Analysten versuchen, zukünftige Marktentwicklungen basierend auf der Annahme zu prognostizieren, dass sich bestimmte Muster und Zyklen wiederholen werden.

4. Kombination mit anderen Analysen: Zyklen Analyse wird oft mit anderen Ansätzen wie der technischen und fundamentalen Analyse kombiniert, um fundiertere Entscheidungen zu treffen.

Es ist wichtig zu beachten, dass sowohl Saisonalität als auch Zyklen Analyse auf historischen Daten beruhen und keine Garantie für zukünftige Marktentwicklungen bieten. Sie dienen dazu, zusätzliche Einblicke in mögliche zukünftige Trends zu geben und können als Teil eines umfassenderen Analyseansatzes genutzt werden.

Trading Strategien

Es gibt zahlreiche Trading-Strategien, die sich je nach Marktsituation, Zeithorizont und individuellen Vorlieben unterscheiden. Hier sind einige der bekanntesten:

1. Trendfolgestrategie:
Diese Strategie basiert auf der Annahme, dass bestehende Trends weiterhin bestehen bleiben. Trader versuchen, in den Markt einzusteigen, wenn sich ein klarer Aufwärts- oder Abwärtstrend abzeichnet.

2. Swing-Trading:
Swing-Trader halten Positionen über einen Zeitraum von mehreren Tagen oder Wochen und versuchen, von kurz- bis mittelfristigen Preisbewegungen zu profitieren.

3. Day-Trading:
Day-Trader eröffnen und schließen Positionen innerhalb desselben Handelstages, um von kurzfristigen Preisschwankungen zu profitieren.

4. Scalping:
Scalper halten Positionen nur für sehr kurze Zeit, oft nur für wenige Minuten, und versuchen, kleine Gewinne aus wiederholten Trades zu erzielen.

5. Contrarian-Strategie:
Diese Strategie basiert auf der Annahme, dass der Markt überkauft oder überverkauft ist und sich daher in die entgegengesetzte Richtung bewegen wird.

6. Breakout-Strategie:
Diese Strategie zielt darauf ab, von einer starken Preisbewegung zu profitieren, die aus einem vorherigen Konsolidierungszeitraum ausbricht.

7. Range-Trading:
Range-Trader kaufen am unteren Ende eines Kursbereichs und verkaufen am oberen Ende, da sie erwarten, dass der Kurs innerhalb dieser Range bleibt.

8. Momentum-Strategie:
Momentum-Trader suchen nach starken, schnellen Kursbewegungen und versuchen, von der fortgesetzten Dynamik zu profitieren.

9. Arbitrage:
Arbitrage-Trader versuchen, von Preisunterschieden zwischen verschiedenen Märkten oder Instrumenten zu profitieren.

10. Volatilitätsstrategie:
Diese Strategie zielt darauf ab, von starken Preisschwankungen zu profitieren, unabhängig von der Richtung.

Es ist wichtig zu beachten, dass keine Strategie zu 100% erfolgreich ist und es Risiken gibt. Es ist ratsam, eine Strategie zu wählen, die zu Ihren Zielen, Ihrem Risikoprofil und Ihrer Handelszeit passt. Außerdem ist es ratsam, jede Strategie mit einem klaren Risikomanagementplan zu begleiten.

Trendfolgestrategie

Eine Trendfolgestrategie ist eine Anlagestrategie im Finanzwesen, bei der Anleger versuchen, von bestehenden Markttrends zu profitieren. Die Grundidee dabei ist, in Richtung des aktuellen Trends zu handeln, sei es ein Aufwärtstrend (steigende Kurse) oder ein Abwärtstrend (fallende Kurse).

Hier sind die Schlüsselmerkmale einer Trendfolgestrategie:

1. Orientierung am aktuellen Trend: Die Trendfolgestrategie basiert darauf, in Richtung des aktuellen Markttrends zu handeln. Das bedeutet, dass Käufe in einem Aufwärtstrend getätigt werden und Verkäufe in einem Abwärtstrend.

2. Einfache Anwendbarkeit: Die Grundprinzipien der Trendfolgestrategie sind vergleichsweise einfach zu verstehen und umzusetzen, was sie zu einer beliebten Strategie für Trader macht.

3. Langfristiger Ansatz: Trendfolgestrategien sind oft auf einen mittel- bis langfristigen Zeithorizont ausgerichtet. Das bedeutet, dass Trader Positionen über einen längeren Zeitraum halten können, um von langfristigen Trends zu profitieren.

4. Verwendung von technischen Indikatoren: Trader verwenden oft technische Indikatoren wie gleitende Durchschnitte, Relative Strength Index (RSI) oder Moving Average Convergence Divergence (MACD), um den aktuellen Trend zu bestätigen und geeignete Einstiegs- und Ausstiegspunkte zu identifizieren.

5. Stopp-Loss-Strategien: Eine klare Definition von Stop-Loss-Niveaus ist entscheidend, um Verluste zu begrenzen, wenn sich der Markt gegen die Position entwickelt.

6. Gewinnmitnahme: Ebenso wichtig wie der Einsatz von Stop-Loss-Orders ist die Festlegung von Gewinnmitnahme-Niveaus. Dies hilft, Gewinne zu sichern, bevor der Trend sich möglicherweise umkehrt.

7. Disziplin und Geduld: Es erfordert Disziplin und Geduld, sich an die festgelegte Strategie zu halten, auch wenn es Versuchungen gibt, aufgrund kurzfristiger Schwankungen zu handeln.

8. Risikomanagement: Ein effektives Risikomanagement ist entscheidend, um sicherzustellen, dass Verluste begrenzt werden und das Kapital geschützt ist.

9. Aktive Überwachung des Marktes: Trader, die Trendfolgestrategien verwenden, müssen den Markt regelmäßig überwachen, um den aktuellen Trend zu bestätigen und mögliche Anpassungen vorzunehmen.

10. Anpassungsfähigkeit: Trendfolgestrategien erfordern die Fähigkeit, sich an sich ändernde Marktbedingungen anzupassen. Wenn sich der Trend umkehrt, müssen Trader bereit sein, ihre Positionen anzupassen oder zu schließen.

Bitte beachten Sie, dass der Erfolg jeder Anlagestrategie von verschiedenen Faktoren abhängt und dass es keine Garantie für Gewinne gibt. Es ist wichtig, sich gründlich zu informieren und möglicherweise professionelle Beratung in Anspruch zu nehmen, bevor Sie eine Anlagestrategie umsetzen.

Swing Trading

Swing Trading ist eine Trading-Strategie, bei der Trader versuchen, von mittelfristigen Preisbewegungen zu profitieren, indem sie Positionen über einen Zeitraum von mehreren Tagen bis Wochen halten. Im Gegensatz zum Daytrading werden Positionen beim Swing Trading nicht innerhalb desselben Handelstages geschlossen.

Hier sind die Schlüsselmerkmale des Swing-Tradings:

1. Haltedauer: Swing-Trader halten Positionen für längere Zeiträume als Daytrader, aber kürzer als Positionstrader. Dies können mehrere Tage bis Wochen dauern.

2. Zeithorizont: Swing-Trader nutzen oft Tages- oder Wochen-Charts, um Trends und potenzielle Einstiegspunkte zu identifizieren.

3. Identifikation von Trends und Konsolidierungsphasen: Swing-Trader suchen nach Märkten, die sich in einem etablierten Trend befinden oder sich in einer Konsolidierungsphase befinden, um auf den nächsten Trendausbruch zu setzen.

4. Einstiegspunkt: Der Trader sucht nach einem geeigneten Einstiegspunkt innerhalb des aktuellen Trends, um von der erwarteten Preisbewegung zu profitieren.

5. Stop-Loss und Gewinnziel: Der Trader setzt ein Stop-Loss-Niveau, um mögliche Verluste zu begrenzen, und ein Gewinnziel, um die Position zu schließen, wenn der Trend umkehren könnte.

6. Überwachung und Anpassung: Der Trader überwacht den Trade und passt die Position gegebenenfalls an, wenn sich die Marktbedingungen ändern.

7. Risikomanagement: Auch beim Swing-Trading ist das Risikomanagement entscheidend, um sicherzustellen, dass mögliche Verluste kontrolliert werden.

Das Swing-Trading kann in verschiedenen Märkten angewendet werden, einschließlich Aktien, Devisen, Rohstoffe und Kryptowährungen. Es ist eine beliebte Strategie für Trader, die nicht die Zeit oder die Neigung haben, den Markt ständig zu überwachen, aber dennoch von mittelfristigen Preisbewegungen profitieren wollen.

Wie bei jeder Trading-Strategie ist es wichtig zu betonen, dass es Risiken gibt, und nicht jeder Trade wird erfolgreich sein. Eine gründliche Analyse und ein klares Risikomanagement sind entscheidend.

Daytrading

Daytrading ist eine Trading-Strategie, bei der Trader Positionen in Finanzinstrumenten (wie Aktien, Devisen, Rohstoffen oder Kryptowährungen) innerhalb desselben Handelstages eröffnen und schließen. Das Ziel des Daytraders ist es, von kurzfristigen Preisbewegungen zu profitieren.

Hier sind einige wichtige Merkmale des Daytrading:

1. Kurze Haltedauer: Daytrader halten Positionen nur für kurze Zeit, normalerweise für Minuten oder Stunden. Sie schließen alle offenen Positionen vor Marktschluss.

2. Keine Übernacht-Positionen: Daytrader halten keine Positionen über Nacht, um das Risiko zu minimieren, dass sich der Markt während der Schließzeiten negativ entwickelt.

3. Schnelle Entscheidungen: Daytrader müssen schnell handeln und oft auf Marktschwankungen reagieren. Sie nutzen oft technische Analyse, Charts und Indikatoren, um ihre Entscheidungen zu treffen.

4. Häufige Trades: Daytrader führen viele Trades an einem Tag durch, oft in einem hohen Volumen, um von kleinen Preisbewegungen zu profitieren.

5. Hohe Hebelwirkung: Aufgrund der kurzen Haltedauer verwenden einige Daytrader Hebel, um ihre Gewinne zu verstärken. Dies können jedoch auch die Verluste erhöhen.

6. Emotionale Disziplin: Aufgrund der Schnelligkeit des Handels ist es wichtig, diszipliniert und rational zu bleiben und sich nicht von Emotionen wie Gier oder Angst leiten zu lassen.

7. Technische Analyse: Daytrader verlassen sich oft stark auf technische Analyse, um Kursmuster, Unterstützungs- und Widerstandsniveaus und Indikatoren zu nutzen.

8. Strenge Risikokontrolle: Da das Risiko bei Daytrading höher ist, ist eine sorgfältige Risikokontrolle, einschließlich der Verwendung von Stop-Loss-Orders, von entscheidender Bedeutung.

Daytrading kann sehr profitabel sein, erfordert jedoch auch eine erhebliche Menge an Zeit, Aufmerksamkeit und Wissen über die Finanzmärkte. Es ist wichtig zu betonen, dass Daytrading auch ein hohes Maß an Risiko birgt, und nicht jeder ist für diese Art des Handels geeignet. Anfänger sollten mit Vorsicht vorgehen und möglicherweise mit weniger risikoreichen Strategien beginnen.

Scalping-Strategie

Die Scalping-Strategie ist eine sehr kurzfristige Trading-Methode, bei der Trader versuchen, von kleinen Kursbewegungen zu profitieren. Der Name "Scalping" leitet sich von dem Ziel ab, kleine Gewinne wie "Skalps" zu erzielen.

Hier sind die Schlüsselmerkmale der Scalping-Strategie:

1. **Kurze Haltedauer**: Scalper halten Positionen nur für sehr kurze Zeiträume, oft nur für Sekunden bis Minuten.

2. **Hohe Handelsfrequenz**: Scalper führen viele Trades innerhalb kurzer Zeit durch, um von kleinen Preisbewegungen zu profitieren.

3. **Geringe Gewinnspanne pro Trade**: Der Gewinn pro Trade ist normalerweise klein, aber aufgrund der hohen Anzahl an Trades können Scalper dennoch profitabel sein.

4. Schnelle Entscheidungsfindung: Scalper müssen schnell handeln und sind oft darauf angewiesen, technische Indikatoren und Echtzeit-Charts zu nutzen.

5. Niedrige Risikotoleranz: Aufgrund der kurzen Haltedauer und der geringen Gewinnspanne pro Trade ist es entscheidend, das Risiko sorgfältig zu kontrollieren.

6. Geringe Auswirkungen von Marktbedingungen: Scalper sind weniger von langfristigen Markttrends betroffen und zielen stattdessen auf kurzfristige Schwankungen ab.

7. Benötigte Technologie: Scalper benötigen eine zuverlässige Handelsplattform und schnelle Internetverbindungen, um effektiv handeln zu können.

8. Disziplin und Konzentration: Scalping erfordert hohe Konzentration und Disziplin, da Trader schnell auf Marktveränderungen reagieren müssen.

Es ist wichtig zu betonen, dass Scalping aufgrund der hohen Handelsfrequenz und der geringen Gewinnspanne pro Trade auch mit höheren Handelskosten verbunden sein kann. Es ist daher entscheidend, einen Broker mit niedrigen Gebühren zu wählen.

Scalping ist nicht für jeden Trader geeignet. Es erfordert eine hohe Stressresistenz, eine schnelle Entscheidungsfindung und die Fähigkeit, die Märkte sehr genau zu lesen. Es ist ratsam, mit kleinem Kapital zu beginnen und die Scalping-Strategie gründlich zu testen, bevor man sie in Echtzeit anwendet.

Contrarian-Strategie

Die Contrarian-Strategie ist eine Anlagestrategie, die sich gegen den allgemeinen Marktkonsens richtet. Im Gegensatz zur Trendfolgestrategie, bei der man dem aktuellen Markttrend folgt, versucht der Contrarian, von Marktexzessen und übertriebenen Reaktionen zu profitieren.

Hier sind die Grundprinzipien der Contrarian-Strategie:

1. Gegen den Strom schwimmen: Contrarian-Investoren neigen dazu, gegen den vorherrschenden Marktmeinung zu agieren. Das bedeutet, dass sie kaufen, wenn die Mehrheit verkauft und verkaufen, wenn die Mehrheit kauft.

2. Suche nach Überreaktionen: Contrarians suchen nach Situationen, in denen die Marktteilnehmer möglicherweise übertrieben reagieren, sei es durch übermäßige Euphorie (überkaufte Märkte) oder übertriebene Furcht (überverkaufte Märkte).

3. Fundamentale Analyse: Contrarian-Investoren verwenden oft fundamentale Analyse, um zu bestimmen, ob ein Vermögenswert überbewertet oder unterbewertet ist. Sie könnten nach Anzeichen für einen möglichen Kursrückgang in einem überbewerteten Vermögenswert suchen.

4. Langfristiger Ansatz: Contrarians haben oft einen langfristigen Anlagehorizont. Sie erwarten nicht unbedingt sofortige Gewinne, sondern warten darauf, dass sich der Markt zugunsten ihrer Position entwickelt.

5. Risikomanagement: Wie bei jeder Anlagestrategie ist ein effektives Risikomanagement entscheidend. Contrarian-Investoren setzen oft Stop-Loss-Orders, um Verluste zu begrenzen, falls sich der Markt weiter gegen sie entwickelt.

Es ist wichtig zu beachten, dass die Contrarian-Strategie nicht ohne Risiko ist. Der Markt kann sich gegen den Contrarian-Investor entwickeln, und es ist möglich, dass sich übertriebene Reaktionen fortsetzen. Daher ist eine gründliche Recherche und möglicherweise professionelle Beratung ratsam, bevor Sie diese Strategie anwenden.

Breakout-Strategie

Die Breakout-Strategie ist eine Trading-Strategie, die darauf abzielt, von einer signifikanten Preisbewegung zu profitieren, die aus einem vorherigen Konsolidierungszeitraum ausbricht. In anderen Worten, sie zielt darauf ab, von einem Durchbruch aus einem festgelegten Preiskanal zu profitieren.

Hier sind die Schlüsselmerkmale der Breakout-Strategie:

1. Identifikation eines Konsolidierungszeitraums: Zunächst identifiziert der Trader eine Phase, in der der Preis in einem engen Bereich gehandelt hat. Dies wird als Konsolidierungsphase bezeichnet.

2. Festlegung von Unterstützungs- und Widerstandsniveaus: Innerhalb des Konsolidierungszeitraums werden klare Unterstützungs- und Widerstandsniveaus festgelegt. Der Preis bewegt sich zwischen diesen Ebenen.

3. Warten auf den Breakout: Der Trader wartet darauf, dass der Preis über das Widerstandsniveau ausbricht (bei einem Aufwärtstrend) oder unter das Unterstützungsniveau fällt (bei einem Abwärtstrend).

4. Bestätigung des Breakouts: Ein erfolgreicher Breakout wird durch ein erhöhtes Handelsvolumen oder eine schnelle Kursbewegung bestätigt.

5. Einstieg und Risikomanagement: Nach einem erfolgreichen Breakout entscheidet der Trader, ob er eine Position eingehen möchte. Das Risikomanagement ist entscheidend, und eine Stop-Loss-Order wird oft verwendet, um Verluste zu begrenzen.

6. Gewinnziele: Der Trader setzt Gewinnziele, die auf vorherigen Widerstandsniveaus oder anderen technischen Indikatoren basieren können.

7. Monitoring und Anpassung: Der Trader überwacht den Trade und passt gegebenenfalls seine Strategie an, um auf sich ändernde Marktbedingungen zu reagieren.

Die Breakout-Strategie kann in verschiedenen Märkten angewendet werden, einschließlich Aktien, Devisen, Rohstoffe und Kryptowährungen. Sie ist besonders attraktiv für Trader, die auf kurzfristige Preisbewegungen spezialisiert sind.

Es ist jedoch wichtig zu beachten, dass nicht jeder Breakout erfolgreich ist. Es gibt falsche Breakouts, bei denen der Preis kurzzeitig ausbricht, dann aber wieder in den vorherigen Konsolidierungsbereich zurückkehrt. Daher ist es wichtig, sorgfältig zu prüfen und möglicherweise zusätzliche Indikatoren oder Bestätigungen zu verwenden, bevor man eine Position eingeht.

Range-Trading

Range-Trading ist eine Anlagestrategie, bei der Anleger versuchen, von sich wiederholenden Preisschwankungen innerhalb einer festgelegten Bandbreite (oder "Range") zu profitieren. Diese Strategie wird oft in Märkten angewendet, die tendenziell seitwärts handeln, das heißt, in denen es keine klaren Auf- oder Abwärtstrends gibt.

Hier sind die Schlüsselmerkmale des Range-Tradings:

1. Bestimmung der Handelsspanne: Zuerst identifiziert der Trader eine Range, indem er die Höchst- und Tiefstkurse des Marktes analysiert. Dies definiert die Preisspanne, in der der Markt gehandelt wird.

2. Einstieg bei Support und Widerstand: Der Trader kauft, wenn der Kurs nahe dem unteren Ende der Range liegt (Support) und verkauft, wenn der Kurs nahe dem oberen Ende der Range liegt (Widerstand).

3. Stop-Loss setzen: Es ist wichtig, Stop-Loss-Orders zu setzen, um Verluste zu begrenzen, falls der Markt aus der festgelegten Range ausbricht.

4. Gewinnmitnahme festlegen: Der Trader bestimmt einen Punkt, an dem er bereit ist, Gewinne mitzunehmen, wenn der Kurs sich innerhalb der Range bewegt.

5. Geduld und Disziplin: Range-Trading erfordert Geduld, da es zu Zeiten längere Phasen mit begrenzter Kursbewegung geben kann. Disziplin ist wichtig, um sich an die festgelegte Strategie zu halten.

6. Marktüberwachung: Der Trader muss den Markt weiterhin überwachen, um sicherzustellen, dass die Range intakt bleibt und gegebenenfalls Anpassungen an der Position vornehmen.

Es ist wichtig zu beachten, dass Range-Trading nicht für alle Märkte und Umstände geeignet ist. Einige Märkte können volatil sein und unerwartete Ausbrüche erleben, was Range-Trading riskant machen kann. Daher ist es ratsam, eine gründliche Recherche durchzuführen und möglicherweise professionelle Beratung in Anspruch zu nehmen, bevor Sie diese Strategie anwenden.

Momentum-Strategie

Die Momentum-Strategie ist eine Trading-Strategie, die auf der Annahme beruht, dass sich bestehende Trends fortsetzen und dass sich ein Finanzinstrument, das sich bereits in Bewegung befindet, mit hoher Wahrscheinlichkeit weiter in die gleiche Richtung bewegen wird. Diese Strategie nutzt die Beobachtung, dass Vermögenswerte, die in der jüngsten Vergangenheit gut abgeschnitten haben, tendenziell weiterhin gut abschneiden werden.

Hier sind die Schlüsselmerkmale der Momentum-Strategie:

1. Identifikation des Momentum: Der Trader identifiziert Vermögenswerte, die in letzter Zeit eine starke Kursbewegung in eine bestimmte Richtung gezeigt haben.

2. Einstiegspunkt: Der Trader kauft das Finanzinstrument in der Hoffnung, dass sich die positive Preisbewegung fortsetzt.

3. Stop-Loss und Gewinnziel: Der Trader setzt ein Stop-Loss-Niveau, um mögliche Verluste zu begrenzen, und ein Gewinnziel, um die Position zu schließen, wenn der Trend umkehren könnte.

4. Überwachung und Anpassung: Der Trader überwacht den Trade und kann die Position anpassen, wenn sich die Marktbedingungen ändern.

5. Risikomanagement: Das Risikomanagement ist entscheidend, um sicherzustellen, dass die potenziellen Verluste kontrolliert werden.

Die Momentum-Strategie kann in verschiedenen Märkten angewendet werden, einschließlich Aktien, Devisen, Rohstoffe und Kryptowährungen. Sie ist besonders bei kurzfristigen Tradern beliebt, die versuchen, von kurzfristigen Preisbewegungen zu profitieren.

Es ist wichtig zu beachten, dass die Momentum-Strategie nicht ohne Risiken ist. Märkte können unvorhersehbar sein und Trends können sich plötzlich umkehren. Daher ist es ratsam, sorgfältig zu prüfen und möglicherweise zusätzliche technische Indikatoren oder Bestätigungen zu verwenden, bevor man eine Position eingeht. Außerdem ist es ratsam, jede Strategie mit einem klaren Risikomanagementplan zu planen.

Arbitrage

Arbitrage ist eine Anlagestrategie, bei der ein Investor versucht, von Preisunterschieden für ein und dasselbe Gut auf verschiedenen Märkten oder zu verschiedenen Zeiten zu profitieren. Der Zweck der Arbitrage besteht darin, eine risikofreie Gewinnmöglichkeit zu nutzen, indem man ein Gut zu einem niedrigeren Preis kauft und gleichzeitig zu einem höheren Preis verkauft.

Hier sind die grundlegenden Merkmale der Arbitrage:

1. Identifikation von Preisunterschieden: Der Arbitrageur sucht nach Situationen, in denen es Unterschiede im Preis für dasselbe Gut auf verschiedenen Märkten oder zu verschiedenen Zeiten gibt.

2. Schnelle Ausführung: Arbitrage erfordert eine schnelle Handlungsfähigkeit, da die Preisunterschiede oft nur für kurze Zeit bestehen.

3. Risikofreiheit: Idealerweise sollte Arbitrage ein risikofreier Gewinn sein, da der Arbitrageur durch den Kauf und Verkauf des Guts gleichzeitig auf beiden Märkten oder zu verschiedenen Zeiten profitiert.

4. Automatisierte Handelssysteme: In vielen Fällen wird Arbitrage von automatisierten Handelssystemen durchgeführt, da diese in der Lage sind, Marktbedingungen in Echtzeit zu überwachen und schnell zu handeln.

5. Arten von Arbitrage: Es gibt verschiedene Arten von Arbitrage, wie beispielsweise räumliche Arbitrage (zwischen verschiedenen Märkten), zeitliche Arbitrage (zwischen verschiedenen Zeiten) und statistische Arbitrage (basierend auf statistischen Modellen).

6. Kosten und Gebühren berücksichtigen: Bei der Durchführung von Arbitrage muss der Arbitrageur die Transaktionskosten, wie Handelsgebühren und Finanzierungskosten, berücksichtigen.

7. Marktrisiken minimieren: Obwohl Arbitrage als risikofrei angesehen wird, können unerwartete Ereignisse dennoch auftreten und zu Verlusten führen. Ein kluges Risikomanagement ist daher entscheidend.

8. Effizienz der Märkte: Arbitrage hängt von der Effizienz der Märkte ab. Je effizienter die Märkte sind, desto seltener treten signifikante Preisunterschiede auf.

Arbitrage ist eine fortgeschrittene Anlagestrategie und erfordert ein tiefes Verständnis der Märkte und eine schnelle Handlungsfähigkeit. Es ist wichtig zu beachten, dass Arbitrage nicht immer verfügbar oder garantiert profitabel ist, da sich die Marktbedingungen ständig ändern.

Volatilitätsstrategie

Eine Volatilitätsstrategie ist eine Anlagestrategie, bei der Investoren versuchen, von der Schwankungsintensität (Volatilität) eines Vermögenswerts zu profitieren. Diese Strategie wird oft in Märkten eingesetzt, in denen es starke Kursschwankungen gibt.

Hier sind die Grundprinzipien einer Volatilitätsstrategie:

1. Ausnutzung von Preisbewegungen:
Volatilitätsstrategien zielen darauf ab, von den häufigen Preisschwankungen eines Vermögenswerts zu profitieren, unabhängig davon, ob die Preise steigen oder fallen.

2. Verwendung von Derivaten: Investoren verwenden oft Derivate wie Optionen oder Futures, um von der Volatilität zu profitieren. Diese Instrumente können dazu beitragen, das Risiko zu steuern und spezifische Volatilitätsmuster auszunutzen.

3. Long und Short Positionen: Investoren können sowohl Long- als auch Short-Positionen einnehmen, abhängig von ihrer Einschätzung der künftigen Volatilität eines Vermögenswerts.

4. Volatilitätsindikatoren: Investoren verwenden oft Volatilitätsindikatoren wie den Volatilitätsindex (VIX) oder Bollinger-Bänder, um die Volatilität zu bewerten und mögliche Handelsmöglichkeiten zu identifizieren.

5. Stopp-Loss- und Take-Profit-Niveaus: Wie bei jeder Strategie ist es wichtig, klare Stop-Loss- und Take-Profit-Niveaus festzulegen, um Verluste zu begrenzen und Gewinne zu sichern.

6. Geduld und Disziplin: Volatilitätsstrategien erfordern oft Geduld, da nicht alle Trades sofort profitabel sein werden. Disziplin ist entscheidend, um sich an die festgelegte Strategie zu halten.

7. Marktüberwachung: Aufgrund der dynamischen Natur der Volatilität ist es wichtig, den Markt regelmäßig zu überwachen und auf Veränderungen zu reagieren.

8. Risikomanagement: Ein effektives Risikomanagement ist entscheidend, um Verluste zu begrenzen und das Kapital zu schützen, da Volatilität mit höheren Risiken verbunden sein kann.

Es ist wichtig zu betonen, dass Volatilitätsstrategien ein höheres Risiko mit sich bringen können und möglicherweise nicht für alle Investoren geeignet sind. Es ist ratsam, sich gründlich mit dem Markt vertraut zu machen, Risiken zu verstehen und möglicherweise professionelle Beratung in Anspruch zu nehmen, bevor Sie eine Volatilitätsstrategie auswählen.

Risikomanagementplan

1. Risikotoleranz festlegen:
Bestimmen Sie den maximalen Prozentsatz Ihres Trading-Kapitals, den Sie bereit sind, in einem einzelnen Trade zu riskieren. Beispiel: 2% pro Trade.

2. Positionssizing:
Berechnen Sie die Positionsgröße basierend auf Ihrer Risikotoleranz und der Distanz zum Stop-Loss. Beispiel: Wenn Ihr Stop-Loss 50 Punkte entfernt ist und Ihr Risiko pro Trade 2% beträgt, dann beträgt Ihre Positionsgröße 1% des Gesamtkapitals.

3. Setzen von Stop-Loss-Orders:
Legen Sie für jeden Trade ein festes Stop-Loss-Niveau fest, bei dem die Position automatisch geschlossen wird, um Verluste zu begrenzen.

4. Gewinnziele setzen:
Definieren Sie vor dem Trade klare Gewinnziele. Diese sollten auf technischen oder fundamentalen Indikatoren basieren. Beachten Sie dabei das Verhältnis von Gewinnziel zu Risiko (Risk-Reward-Ratio).

5. Diversifikation:
Vermeiden Sie es, Ihr gesamtes Kapital in eine einzige Position oder Anlageklasse zu investieren. Streuen Sie Ihr Kapital auf verschiedene Instrumente und Märkte.

6. Tageslimit festlegen:
Definieren Sie ein Tageslimit für Verluste. Wenn dieses Limit erreicht wird, beenden Sie das Trading für den Tag, um weitere Verluste zu vermeiden.

7. Wochen- oder Monatslimit festlegen:
Legen Sie auch langfristige Limits fest, um größere Verluste über einen längeren Zeitraum zu verhindern.

8. Emotionale Disziplin:
Halten Sie sich strikt an Ihren Plan, auch wenn Emotionen wie Gier oder Angst aufkommen.

9. Regelmäßige Überprüfung und Anpassung:
Überprüfen Sie regelmäßig Ihren Risikomanagementplan und passen Sie ihn an, wenn sich Ihre finanzielle Situation oder Ihre Handelsstrategie ändert.

10. Verluste akzeptieren:
Akzeptieren Sie, dass Verluste ein natürlicher Teil des Tradings sind. Lernen Sie aus ihnen und lassen Sie sich nicht von ihnen entmutigen.

Es ist wichtig zu betonen, dass ein Risikomanagementplan individuell angepasst werden sollte und auf Ihre spezifischen Handelsziele und Risikotoleranz abgestimmt sein sollte. Beachten Sie, dass dieser Plan ein allgemeiner Leitfaden ist und nicht als spezifische Anlageberatung betrachtet werden sollte. Konsultieren Sie bei Bedarf einen Finanzberater.

Die Psychologie des Tradings

Die Psychologie des Tradings bezieht sich auf die mentalen und emotionalen Aspekte, die beim Handeln mit Finanzinstrumenten wie Aktien, Devisen oder Kryptowährungen eine Rolle spielen. Hier sind einige wichtige Punkte:

1. Emotionen beeinflussen Entscheidungen: Trader können von Emotionen wie Gier, Angst, Übermut und Frustration beeinflusst werden. Diese können zu impulsiven Entscheidungen führen, die möglicherweise nicht rational sind.

2. Bestätigungsfehler: Trader suchen oft nach Bestätigung ihrer Annahmen und ignorieren dabei möglicherweise widersprüchliche Informationen. Dies kann zu Fehlern führen.

3. Verlustaversion: Menschen neigen dazu, Verluste stärker zu fürchten als Gewinne zu schätzen. Das kann dazu führen, dass Trader zu lange an schlechten Positionen festhalten oder zu schnell Gewinne mitnehmen.

4. Risikotoleranz: Jeder Trader hat eine individuelle Risikotoleranz. Einige sind bereit, höhere Risiken einzugehen, während andere konservativer handeln.

5. Disziplin und Geduld: Erfolgreiche Trader müssen oft diszipliniert sein und in der Lage sein, geduldig auf die richtigen Handelsmöglichkeiten zu warten.

6. Analyse und Strategie: Eine gründliche Marktanalyse und eine gut durchdachte Handelsstrategie können dazu beitragen, emotionale Entscheidungen zu reduzieren.

7. Lernen aus Fehlern: Trader sollten in der Lage sein, aus Fehlern zu lernen, anstatt sich von ihnen entmutigen zu lassen. Das bedeutet auch, Verluste zu akzeptieren und zu verstehen, dass sie zum Trading dazugehören.

8. Stressmanagement: Der Handel kann stressig sein, insbesondere in volatilen Märkten. Es ist wichtig, Wege zu finden, um mit diesem Stress umzugehen, um kluge Entscheidungen treffen zu können.

9. Globale Ereignisse und Nachrichten: Trader sollten sich bewusst sein, wie globale Ereignisse und Nachrichten die Finanzmärkte beeinflussen können. Das kann Auswirkungen auf die Handelsentscheidungen haben.

10. Langfristige vs. Kurzfristige Perspektive: Es ist wichtig zu wissen, ob man ein langfristiger Investor oder ein kurzfristiger Trader ist, da dies die Herangehensweise an den Markt beeinflusst.

Es ist wichtig zu betonen, dass die Psychologie des Tradings ein komplexes Thema ist und es keine "eine Größe passt für alle" Lösung gibt. Jeder Trader ist einzigartig und muss lernen, mit seinen eigenen psychologischen Herausforderungen umzugehen.

Handelsplattformen und Tools

Es gibt eine Vielzahl von Handelsplattformen und Tools, die von verschiedenen Brokerfirmen angeboten werden. Hier sind einige der bekanntesten:

1. MetaTrader 4 (MT4) / MetaTrader 5 (MT5): Diese sind sehr beliebte Handelsplattformen für den Devisenmarkt (Forex) und bieten auch den Handel mit anderen Finanzinstrumenten an. Sie bieten fortschrittliche Charting-Tools, technische Analysen und die Möglichkeit, automatisierte Handelssysteme zu verwenden.

2. Thinkorswim: Eine leistungsstarke Handelsplattform, die von TD Ameritrade angeboten wird. Sie bietet fortschrittliche Analysetools, technische Analysen und Handel mit Aktien, Optionen, Futures und Devisen.

3. NinjaTrader: Diese Plattform ist bei Futures- und Devisenhändlern beliebt. Sie bietet erweiterte Charting- und Analysetools sowie die Möglichkeit zur Automatisierung von Handelsstrategien.

4. TradingView: Eine webbasierte Plattform, die hochwertige Charts und technische Analysen bietet. TradingView ermöglicht auch das soziale Trading, bei dem Benutzer Ideen austauschen und Strategien veröffentlichen können.

5. Interactive Brokers (TWS): Die Trader Workstation (TWS) von Interactive Brokers ist eine leistungsstarke Plattform, die den Handel mit einer Vielzahl von Anlageklassen ermöglicht, einschließlich Aktien, Optionen, Futures und Devisen.

6. E-TRADE: Diese Plattform bietet eine benutzerfreundliche Schnittstelle für den Handel mit Aktien, Optionen, ETFs und Anleihen. Sie bietet auch Bildungsressourcen und Tools zur Portfolioverwaltung.

7. Robinhood: Eine App-basierte Handelsplattform, die sich auf den Handel mit Aktien und ETFs konzentriert. Robinhood ist für seine provisionsfreien Trades bekannt.

8. Coinbase: Eine beliebte Plattform für den Handel mit Kryptowährungen wie Bitcoin, Ethereum und anderen digitalen Assets.

9. Fidelity: Fidelity bietet eine Vielzahl von Handelsplattformen an, darunter Active Trader Pro für fortgeschrittene Händler und die Fidelity App für Anfänger.

10. AgenaTrader: Eine Handelsplattform mit erweiterten Charting- und Analysetools, die für den Handel mit verschiedenen Anlageklassen verwendet werden kann.

Es ist wichtig zu beachten, dass die Auswahl der richtigen Handelsplattform von Ihren spezifischen Bedürfnissen, Ihrem Handelsstil und den angebotenen Instrumenten abhängt. Bevor Sie sich für eine Plattform entscheiden, sollten Sie sich über die verfügbaren Funktionen und Gebühren informieren. Außerdem ist es ratsam, die Plattform in einem Demokonto zu testen, um sich mit ihrer Funktionsweise vertraut zu machen.

Beispiele und Fallstudien von erfolgreichen Tradern

1. George Soros: Soros ist bekannt für seine spekulative Strategien, die ihm geholfen haben, den "Schwarzen Mittwoch" 1992 zu überstehen. Er wettete gegen das Britische Pfund und verdiente über eine Milliarde US-Dollar an einem einzigen Tag.

2. Paul Tudor Jones: Jones ist ein berühmter Hedgefonds-Manager, der für seinen erfolgreichen Handel während des Börsencrashs 1987 bekannt ist. Seine Strategie basierte auf technischer Analyse und einer umfassenden Marktstudie.

3. Jesse Livermore: Livermore war ein legendärer Trader aus dem frühen 20. Jahrhundert, der für seine präzisen

Spekulationen an der Börse bekannt war. Er schrieb das Buch "Reminiscences of a Stock Operator", das immer noch als Klassiker in der Finanzliteratur gilt.

4. John Paulson: Paulson ist bekannt für seinen erfolgreichen Einsatz von Kreditderivate während der Subprime-Krise 2007-2008. Er verdiente Milliarden, indem er auf den Zusammenbruch des Immobilienmarktes wettete.

5. Nicolas Darvas: Darvas war ein Tänzer, der in den 1950er Jahren zum erfolgreichen Trader wurde. Er entwickelte eine Trendfolgestrategie, die ihm half, ein beträchtliches Vermögen aufzubauen.

6. Bill Lipschutz: Lipschutz war ein Devisenhändler, der bekannt ist für seine erfolgreiche Handelskarriere bei der Devisenhandelsabteilung von Salomon Brothers. Er ist bekannt für seine Risikomanagement-Strategien.

7. Ed Seykota: Seykota ist ein Pionier im Bereich der computergestützten Handelsstrategien. Er entwickelte den ersten vollautomatischen Handelsalgorithmus und erzielte beachtliche Renditen.

8. Larry Hite: Hite ist ein Mitbegründer von Mint Investment Management und ein Pionier im Bereich des systematischen Handels. Seine quantitative Herangehensweise half ihm, beträchtliche Gewinne zu erzielen.

Diese Trader hatten unterschiedliche Strategien und Ansätze, aber sie alle hatten eines gemeinsam: Sie waren diszipliniert, beherrschten ihr Handwerk und hatten ein tiefes Verständnis für die Märkte. Es ist wichtig zu beachten, dass das Trading mit erheblichen Risiken verbunden ist und nicht für jeden geeignet ist. Es erfordert eine gründliche Ausbildung, Übung und eine gut durchdachte Strategie.

Aktienhandel

1. Aktien und Unternehmen:
Eine Aktie repräsentiert einen Anteil an einem Unternehmen. Wenn Sie eine Aktie besitzen, sind Sie Miteigentümer dieses Unternehmens.

Unternehmen geben Aktien aus, um Kapital zu beschaffen, das sie für Investitionen, Wachstum und andere betriebliche Zwecke verwenden können.

2. Börsen:
Der Aktienhandel findet an speziellen Handelsplätzen statt, den Börsen. Bekannte Beispiele sind die New York Stock Exchange (NYSE) und die NASDAQ in den USA oder die Deutsche Börse in Deutschland.

3. Kauf und Verkauf:
Investoren kaufen Aktien in der Hoffnung, dass ihr Wert steigt. Sie können auch Aktien verkaufen, um Gewinne zu realisieren oder Verluste zu begrenzen.

Die Preise von Aktien werden durch Angebot und Nachfrage bestimmt. Wenn mehr Leute eine bestimmte Aktie kaufen wollen, steigt der Preis; wenn viele verkaufen wollen, sinkt er.

4. Börsenmaklern:
Um Aktien zu handeln, benötigen die meisten Menschen einen Börsenmakler. Dies kann eine Bank, ein spezialisiertes Brokerunternehmen oder eine Online-Handelsplattform sein.

5. Handelsarten:
Es gibt zwei Hauptarten des Aktienhandels: der Primärmarkt und der Sekundärmarkt.

Der Primärmarkt ist, wenn ein Unternehmen zum ersten Mal Aktien ausgibt, üblicherweise durch einen Börsengang (IPO).

Der Sekundärmarkt ist, wo bereits existierende Aktien zwischen Investoren gehandelt werden.

6. Risiken und Renditen:
Der Aktienmarkt kann sehr volatil sein, was bedeutet, dass die Preise stark schwanken können. Dies kann sowohl Chancen als auch Risiken bieten.

Investoren können durch Kursgewinne und Dividenden (Gewinnanteile des Unternehmens) Renditen erzielen.

7. Langfristige vs. Kurzfristige Anlagestrategien:
Einige Investoren kaufen Aktien mit der Absicht, sie über lange Zeiträume zu halten, in der Hoffnung auf langfristiges Wachstum.

Andere praktizieren den kurzfristigen Handel, bei dem sie versuchen, von kurzfristigen Preisschwankungen zu profitieren.

8. Forschung und Analyse:
Erfolgreicher Aktienhandel erfordert oft eine gründliche Recherche und Analyse. Dies kann die Untersuchung von Finanzberichten, Marktbedingungen und anderen Faktoren umfassen.

9. Regulierung und Steuern:
Der Aktienmarkt unterliegt verschiedenen Regulierungen, die je nach Land unterschiedlich sein können. Auch die Besteuerung von Gewinnen aus dem Aktienhandel variiert.

10. Diversifikation:
Viele Investoren diversifizieren ihr Portfolio, indem sie in Aktien verschiedener Unternehmen oder Branchen investieren. Das hilft, das Risiko zu streuen.

Devisenmarkt

Der Devisenmarkt, auch bekannt als Forex-Markt, ist der globale Markt, auf dem Währungen gehandelt werden. Er ist der größte und liquideste Finanzmarkt der Welt.

Im Devisenmarkt kaufen und verkaufen Teilnehmer Währungen in Paaren. Zum Beispiel, wenn jemand den EUR/USD handelt, bedeutet das, dass sie Euro gegen US-Dollar tauschen.

Es gibt zwei Arten von Devisenkursen: der Kaufkurs (auch als Briefkurs oder Ask-Kurs bezeichnet), zu dem ein Händler eine Währung kaufen kann, und der Verkaufskurs (auch als Geldkurs oder Bid-Kurs bezeichnet), zu dem er sie verkaufen kann.

Der Devisenmarkt wird durch eine Vielzahl von Faktoren beeinflusst, wie zum Beispiel Zinssätze, Wirtschaftsdaten, geopolitische Ereignisse und vieles mehr.

Viele Teilnehmer am Devisenmarkt sind Banken, Finanzinstitute, Unternehmen, Regierungen und spekulative Händler. Privatpersonen können ebenfalls am Forex-Handel teilnehmen, entweder über Banken oder spezielle Online-Plattformen.

1. Hauptakteure des Devisenmarktes

Zentralbanken: Sie spielen eine entscheidende Rolle, indem sie Geldpolitik festlegen und in den Devisenmarkt eingreifen, um die Währung zu stabilisieren.

Geschäftsbanken: Sie handeln Währungen im Auftrag ihrer Kunden und für ihre eigenen Handelsaktivitäten.

Unternehmen: Sie tauschen Währungen für Geschäftstätigkeiten, wie Handel und Investitionen.

Hedgefonds und Investmentfonds: Diese Institutionen handeln oft in großen Mengen und können den Markt beeinflussen.

Privatpersonen und Kleinanleger: Sie nutzen Broker und Plattformen, um Währungen zu handeln.

2. Währungspaare

Währungen werden in Paaren gehandelt, z.B. EUR/USD oder GBP/JPY.

Das erste in einem Paar genannte ist die Basiswährung, das zweite die Kurswährung.

Der Kurs gibt an, wie viel von der Kurswährung benötigt wird, um eine Einheit der Basiswährung zu kaufen.

3. Handelszeiten

Der Devisenmarkt ist rund um die Uhr geöffnet, von Montagmorgen in Asien bis Freitagabend in den USA.

4. Einflussfaktoren

Zinsen: Höhere Zinssätze können eine Währung attraktiver machen, da sie höhere Renditen bieten.

Wirtschaftsindikatoren: Daten wie Arbeitslosenquote, BIP-Wachstum und Inflation beeinflussen die Währungskurse.

Politische und geopolitische Ereignisse: Krisen, Wahlen und Handelsabkommen können den Devisenmarkt stark beeinflussen.

5. Risiken

Der Devisenhandel kann riskant sein und ist nicht für jeden geeignet. Es ist möglich, Geld zu verlieren, besonders wenn man nicht gut informiert oder erfahrener Händler ist.

6. Handelsstrategien

Es gibt verschiedene Ansätze für den Devisenhandel, wie Scalping, Day-Trading, Swing-Trading und Carry-Trade.

7. Währungsnotierungen

Währungen werden oft in Bezug auf eine bestimmte Währung notiert, wie z.B. USD/EUR oder EUR/GBP.

Die Währung, auf die sich die Notierung bezieht, wird als Basiswährung bezeichnet.

8. Hebelwirkung

Viele Forex-Broker ermöglichen es den Händlern, mit Hebel zu handeln, was bedeutet, dass sie mit einem größeren Betrag handeln können, als sie tatsächlich auf ihrem Konto haben.

Während Hebel die Gewinnmöglichkeiten erhöhen können, erhöhen sie auch das Risiko von Verlusten.

9. Technische Analyse und Fundamentalanalyse

Diese beiden Ansätze werden oft im Devisenhandel verwendet.

Die technische Analyse bezieht sich auf die Analyse von Charts und technischen Indikatoren, um zukünftige Kursbewegungen vorherzusagen.

Die Fundamentalanalyse bezieht sich auf die Bewertung von wirtschaftlichen und politischen Faktoren, die die Währung beeinflussen könnten.

10. Forex-Broker

Diese sind Unternehmen, die den Zugang zum Devisenmarkt ermöglichen, indem sie Handelsplattformen und -dienstleistungen anbieten.

Rohstoffhandel

Der Rohstoffhandel bezieht sich auf den Kauf und Verkauf von physischen Rohstoffen wie Gold, Öl, Getreide, Metallen und anderen natürlichen Ressourcen.

Es gibt zwei Hauptarten des Rohstoffhandels: Spot-Markt und Futures-Markt.

1. Spot-Markt: Hierbei handelt es sich um den direkten Kauf oder Verkauf von physischen Rohstoffen. Der Handel erfolgt zu aktuellen Marktpreisen und die Lieferung der Ware erfolgt sofort oder in kurzer Zeit. Der Spot-Markt ist geprägt von tatsächlichen Warentransaktionen.

2. Futures-Markt: Im Futures-Markt werden Verträge gehandelt, die den Kauf oder Verkauf eines bestimmten Rohstoffs zu einem festgelegten zukünftigen Zeitpunkt und Preis regeln. Diese Kontrakte ermöglichen es Investoren, von Preisbewegungen zu profitieren, ohne die tatsächliche Ware zu besitzen. Futures sind oft beliebt für Absicherungsstrategien.

Es gibt verschiedene Gründe, warum Menschen im Rohstoffhandel aktiv sind:

Diversifikation: Rohstoffe können helfen, ein Portfolio zu diversifizieren und das Risiko zu streuen, da sie oft unabhängig von Aktien- und Anleihenmärkten reagieren.

Absicherung gegen Inflation: Bestimmte Rohstoffe wie Gold werden oft als Inflationsschutz betrachtet.

Spekulation: Einige Investoren handeln mit Rohstoffen, um von Preisbewegungen zu profitieren.

Handel mit Derivaten: Futures und Optionen ermöglichen es Investoren, von Preisbewegungen zu profitieren, ohne die tatsächliche Ware zu besitzen.

Es ist wichtig zu beachten, dass der Rohstoffhandel auch mit Risiken verbunden ist, da die Preise von Rohstoffen von verschiedenen Faktoren beeinflusst werden können, darunter Angebot und Nachfrage, geopolitische Ereignisse, Wetterbedingungen und politische Entscheidungen.

Bevor Sie in den Rohstoffhandel einsteigen, ist es ratsam, eine gründliche Recherche zu betreiben und möglicherweise eine professionelle Beratung einzuholen. Es ist auch wichtig, sich über die spezifischen Eigenschaften und Risiken der jeweiligen Rohstoffe, die Sie handeln möchten, im Klaren zu sein.

Hier sind einige detailliertere Informationen zu einigen der gängigsten gehandelten Rohstoffe:

1. Gold (XAU):
Gold ist einer der bekanntesten Rohstoffe und wird oft als sicherer Hafen betrachtet. Es wird sowohl für Schmuckherstellung als auch als Investment gehandelt.

Faktoren, die den Goldpreis beeinflussen, sind unter anderem Zinsraten, geopolitische Ereignisse, Inflation und die Stärke des US-Dollars.

2. Öl (WTI, Brent):

Rohöl ist ein entscheidender Energierohstoff und wird in verschiedenen Industrien verwendet. Es gibt zwei Hauptsorten: WTI (West Texas Intermediate) und Brent Crude.

Der Ölpreis wird von Angebot und Nachfrage beeinflusst, wobei geopolitische Ereignisse, Produktionsmengen der OPEC und ökonomische Indikatoren wichtige Faktoren sind.

3. Silber (XAG):

Silber ist ein vielseitiger Rohstoff, der sowohl für industrielle Anwendungen als auch für Schmuck und Münzprägung verwendet wird. Es ist oft mit Gold korreliert.

Wie bei Gold beeinflussen Faktoren wie Zinsen, Wirtschaftswachstum und geopolitische Unsicherheiten den Silberpreis.

4. Kupfer (XCU):

Kupfer ist ein wichtiger Rohstoff in der Industrie, vor allem in der Elektronik- und Bauindustrie. Es wird auch als wirtschaftlicher Indikator betrachtet.

Angebot und Nachfrage, weltweite Konjunktur und politische Entwicklungen beeinflussen den Kupferpreis.

5. Weizen und Mais:

Diese sind wichtige Agrarrohstoffe, die weltweit für Lebensmittel und Tierfutter verwendet werden. Sie sind auch Teil von Futures-Märkten.

Wetterbedingungen, Ernteerträge und globale Handelspolitik beeinflussen die Preise von Weizen und Mais.

6. Gas und Erdgas (Natural Gas):

Erdgas ist ein wichtiger Energielieferant für Heizung, Stromerzeugung und industrielle Prozesse. Es wird auch als Rohstoff gehandelt.

Angebot und Nachfrage, Wetterbedingungen und Lagerbestände beeinflussen den Erdgaspreis.

Bitte beachten Sie, dass dies allgemeine Informationen sind und die genauen Marktdynamiken von vielen Faktoren beeinflusst werden können.

Spot-Markt

Der Spot-Markt bezieht sich auf den Markt, auf dem Finanzinstrumente, Waren oder Rohstoffe sofort (oder "spot") gekauft und verkauft werden. Hier erfolgt die Lieferung der Ware sofort oder innerhalb kurzer Zeit, normalerweise innerhalb von zwei Geschäftstagen nach Abschluss des Handels.

Im Spot-Markt gibt es keine zukünftigen Verträge oder festgelegten Lieferzeiten. Die Transaktion basiert auf dem aktuellen Marktpreis, zu dem die Ware gekauft oder verkauft wird. Dies unterscheidet sich vom Futures-Markt, wo Verträge geschlossen werden, um eine Ware zu einem zukünftigen Zeitpunkt und zu einem festgelegten Preis zu kaufen oder zu verkaufen.

Beispiele für Spot-Märkte sind:

1. Der Devisenmarkt (Forex): Hier werden Währungspaare sofort gehandelt, basierend auf dem aktuellen Wechselkurs.

2. Edelmetallmärkte: Gold, Silber und andere Edelmetalle werden im Spot-Markt gehandelt.

3. Energie- und Rohstoffmärkte: Hierzu gehören Rohöl, Erdgas und andere natürliche Ressourcen.

4. Agrarmärkte: Produkte wie Weizen, Mais und Sojabohnen werden im Spot-Markt gehandelt.

Der Spot-Markt ist wichtig für Unternehmen, die Rohstoffe benötigen, um ihre Produktion zu betreiben, sowie für Händler und Investoren, die auf kurzfristige Preisbewegungen setzen. Er ermöglicht es auch, physische Waren zu erwerben oder zu veräußern, ohne langfristige Verträge einzugehen.

Es ist wichtig zu beachten, dass der Spot-Markt nicht nur auf physische Güter beschränkt ist. Auch Finanzinstrumente wie Währungen und Edelmetalle werden im Spot-Markt gehandelt.

Futures-Markt

Der Futures-Markt ist ein Handelsplatz, an dem standardisierte Verträge (Futures-Kontrakte) gehandelt werden, die den Kauf oder Verkauf eines bestimmten Vermögenswerts (wie Rohstoffe, Finanzinstrumente oder Währungen) zu einem festgelegten zukünftigen Zeitpunkt und Preis regeln.

Hier sind einige wichtige Merkmale des Futures-Marktes:

1. Standardisierte Verträge: Die Kontrakte sind standardisiert, was bedeutet, dass sie klare Spezifikationen bezüglich des gehandelten Vermögenswerts, der Menge, der Qualität und des Lieferzeitpunkts haben. Diese Standardisierung ermöglicht einen effizienten Handel.

2. Hebelwirkung: Futures-Kontrakte erfordern nur eine Anfangsinvestition (Margin), die einen Bruchteil des Gesamtwerts des Vertrags ausmacht. Dadurch kann ein Händler mit einer vergleichsweise geringen Investition von den Preisschwankungen profitieren.

3. Long und Short Positionen: Ein Händler kann entweder eine Long-Position (Verpflichtung, den Vermögenswert zu einem festgelegten Preis zu kaufen) oder eine Short-Position (Verpflichtung, den Vermögenswert zu einem festgelegten Preis zu verkaufen) eingehen.

4. Absicherung (Hedging): Unternehmen nutzen oft den Futures-Markt, um sich gegen Preisrisiken zu schützen. Beispielsweise kann ein Landwirt einen Weizen-Futures-Kontrakt eingehen, um den Preis für seine Ernte abzusichern.

5. Spekulation: Händler und Investoren nutzen den Futures-Markt, um von erwarteten Preisbewegungen zu profitieren. Sie können auf steigende (Long-Position) oder fallende (Short-Position) Preise setzen.

6. Marktregulierung: Der Futures-Markt wird von Regulierungsbehörden überwacht, um fairen Handel und Transparenz zu gewährleisten.

Es ist wichtig zu betonen, dass Futures-Handel mit einem höheren Risiko verbunden ist als der Handel auf dem Spot-Markt. Die Hebelwirkung kann Verluste ebenso wie Gewinne vervielfachen. Deshalb ist eine gründliche Kenntnis des Marktes und eine sorgfältige Risikomanagementstrategie entscheidend.

Zudem sollte man bedenken, dass Futures-Kontrakte in der Regel nicht bis zum Verfall gehalten werden, sondern vorher verkauft oder glattgestellt werden müssen. Dies erfordert ein gewisses Maß an aktiver Verwaltung der Position.

Kryptowährungen

Kryptowährungen sind digitale oder virtuelle Währungen, die auf kryptografischen Techniken basieren und als Tauschmittel dienen. Hier sind einige wichtige Informationen zu Kryptowährungen:

1. Blockchain-Technologie: Kryptowährungen basieren auf der Blockchain-Technologie. Eine Blockchain ist eine dezentrale, verteilte digitale Datenbank, die Transaktionen in Blöcken speichert. Jeder Block ist miteinander verknüpft und enthält Informationen über vergangene Transaktionen.

2. Dezentralisierung: Kryptowährungen sind in der Regel dezentralisiert, was bedeutet, dass keine zentrale Behörde wie eine Bank oder Regierung die Kontrolle über sie hat. Stattdessen werden Transaktionen von einem Netzwerk von Computern (Knoten) überprüft und bestätigt.

3. Bitcoin (BTC): Bitcoin ist die erste und bekannteste Kryptowährung. Sie wurde 2009 von einer Person oder Gruppe unter dem Pseudonym Satoshi Nakamoto eingeführt. Bitcoin wird oft als digitales Gold betrachtet und dient häufig als Reservewährung für andere Kryptowährungen.

4. Altcoins: Neben Bitcoin gibt es Tausende anderer Kryptowährungen, die als Altcoins bezeichnet werden. Zu den bekanntesten gehören Ethereum (ETH), Ripple (XRP), Litecoin (LTC) und viele mehr.

5. Smart Contracts: Ethereum war die erste Kryptowährung, die Smart Contracts eingeführt hat. Das sind selbstausführende Verträge, die automatisch ausgeführt werden, wenn bestimmte Bedingungen erfüllt sind. Sie haben das Potenzial, viele Bereiche der Geschäftswelt zu revolutionieren.

6. Mining: Einige Kryptowährungen, wie Bitcoin, verwenden einen Prozess namens Mining, um Transaktionen zu überprüfen und neue Einheiten der Währung zu schaffen. Miner verwenden spezialisierte Hardware, um mathematische Rätsel zu lösen, und werden dafür mit Kryptowährung belohnt.

7. Wallets: Kryptowährungen werden in digitalen Geldbörsen (Wallets) gespeichert. Es gibt verschiedene Arten von Wallets, darunter Hardware-Wallets (physische

Geräte), Software-Wallets (Apps) und Papier-Wallets (gedruckte Schlüssel).

8. Volatilität: Kryptowährungen sind bekannt für ihre hohe Volatilität, was bedeutet, dass ihre Preise schnell und stark schwanken können. Dies kann sowohl Chancen als auch Risiken für Investoren bedeuten.

9. Regulierung und Sicherheit: Die Regulierung von Kryptowährungen variiert je nach Land. Einige Länder haben klare Richtlinien, während andere noch dabei sind, ihre Position zu definieren. Aufgrund der dezentralen Natur sind Kryptowährungen auch anfällig für Sicherheitsrisiken wie Hacks von Börsen oder Wallets.

Bitte beachten Sie, dass Kryptowährungen ein komplexes und sich ständig weiterentwickelndes Thema sind. Bevor Sie in Kryptowährungen investieren oder handeln, ist es ratsam, gründliche Recherche zu betreiben.

Spezifischere Informationen zu einigen der bekanntesten Kryptowährungen

1. Bitcoin (BTC):
Bitcoin war die erste Kryptowährung, eingeführt im Jahr 2009 von einer Person oder Gruppe unter dem Pseudonym Satoshi Nakamoto.

Es ist sowohl eine digitale Währung als auch ein dezentrales Zahlungssystem. Bitcoin wird oft als digitales Gold betrachtet und dient häufig als Reservewährung für andere Kryptowährungen.

2. Ethereum (ETH):

Ethereum wurde 2015 von Vitalik Buterin entwickelt und hat eine einzigartige Funktion namens Smart Contracts, die automatisch ausgeführt werden, wenn bestimmte Bedingungen erfüllt sind.

Es dient als Plattform für die Entwicklung von dezentralen Anwendungen (DApps) und hat die Entstehung von Initial Coin Offerings (ICOs) ermöglicht.

3. Ripple (XRP):

Ripple ist sowohl eine digitale Zahlungsplattform als auch eine Kryptowährung. Sie zielt darauf ab, schnelle und kostengünstige grenzüberschreitende Zahlungen zu ermöglichen.

Im Gegensatz zu Bitcoin und Ethereum basiert Ripple nicht auf Blockchain, sondern auf einem Konsens-Register.

4. Litecoin (LTC):

Litecoin wurde 2011 von Charlie Lee geschaffen und ist eine Abspaltung (Fork) von Bitcoin. Es zielt darauf ab, schnellere Transaktionsbestätigungen zu bieten.

Obwohl ähnlich wie Bitcoin, verwendet Litecoin eine leicht unterschiedliche Kryptografie und hat eine kürzere Blockerzeugungszeit.

5. Cardano (ADA):
Cardano ist eine Blockchain-Plattform, die sich auf Sicherheit und Nachhaltigkeit konzentriert. Sie wurde von Charles Hoskinson, einem der Mitbegründer von Ethereum, entwickelt.

Cardano verwendet eine modulare Architektur und strebt danach, die Skalierbarkeit und Interoperabilität von Blockchain-Netzwerken zu verbessern.

6. Polkadot (DOT):
Polkadot ist ein Netzwerk, das die Interoperabilität zwischen verschiedenen Blockchains ermöglicht. Es wurde von Dr. Gavin Wood, einem Mitbegründer von Ethereum, entwickelt.

Polkadot zielt darauf ab, die Fragmentierung von Blockchains zu überwinden und es ihnen zu ermöglichen, nahtlos zusammenzuarbeiten.

7. Binance Coin (BNB):
Binance Coin ist die Kryptowährung der Binance Exchange, einer der weltweit größten Krypto-Börsen. Sie wird für Gebühren auf der Plattform verwendet und hat auch andere Anwendungsfälle.

Es gibt viele weitere Kryptowährungen mit verschiedenen Funktionen und Anwendungsfällen.

Optionen und Futures

Optionen und Futures sind beide Arten von Finanzderivaten, die Anlegern ermöglichen, auf zukünftige Preisbewegungen von Vermögenswerten zu spekulieren. Hier sind die grundlegenden Unterschiede zwischen ihnen:

1. Optionen

Eine Option ist ein Vertrag, der dem Käufer das Recht, aber nicht die Verpflichtung einräumt, einen Vermögenswert zu einem festgelegten Preis (dem Ausübungspreis) zu einem bestimmten Zeitpunkt oder innerhalb eines bestimmten Zeitraums zu kaufen (Call-Option) oder zu verkaufen (Put-Option).

Der Käufer zahlt dem Verkäufer der Option (Optionsverkäufer) eine Prämie für dieses Recht.

Wenn der Käufer die Option ausübt, ist der Verkäufer verpflichtet, die Transaktion zum festgelegten Preis auszuführen.

Arten von Optionen

Es gibt zwei grundlegende Arten von Optionen: Call-Optionen und Put-Optionen.

Eine **Call-Option** gibt dem Käufer das Recht, einen Vermögenswert zu einem festgelegten Preis zu kaufen.

Eine **Put-Option** gibt dem Käufer das Recht, einen Vermögenswert zu einem festgelegten Preis zu verkaufen.

Optionsscheine und Warrants

Diese sind ähnlich wie Optionen, aber sie werden von Unternehmen ausgegeben und nicht an Börsen gehandelt.

Optionshandel

Optionen können auf organisierten Börsen gehandelt werden. Es gibt auch außerbörsliche (OTC) Optionen, die individuell zwischen Käufer und Verkäufer ausgehandelt werden.

2. Futures

Ein Future ist ein Vertrag, der zwei Parteien dazu verpflichtet, einen bestimmten Vermögenswert (wie Rohstoffe, Währungen, Aktien usw.) zu einem festgelegten Preis und Datum in der Zukunft zu kaufen oder zu verkaufen.

Im Gegensatz zu Optionen gibt es in einem Future-Vertrag eine rechtliche Verpflichtung für beide Parteien, die Transaktion auszuführen.

Futures werden oft auf organisierten Börsen gehandelt und sind standardisierte Verträge.

Standardisierung

Futures sind standardisierte Verträge, die an Börsen gehandelt werden. Sie haben festgelegte Spezifikationen, wie etwa Verfalltermine und Vertragsgrößen.

Hebelwirkung

Futures ermöglichen es den Händlern, mit einem relativ kleinen Kapitalbetrag eine große Position zu kontrollieren. Das wird als Hebelwirkung bezeichnet.

Margin-Anforderungen

Beim Handel mit Futures müssen Händler eine Sicherheitsleistung (Margin) hinterlegen, um ihre Positionen zu halten. Diese Anforderungen können sich ändern, basierend auf der Volatilität des Vermögenswerts.

Absicherung und Spekulation

Unternehmen verwenden oft Futures, um sich gegen Preisschwankungen bei Rohstoffen abzusichern (z.B. Landwirte gegen Preisänderungen von Ernten). Auf der anderen Seite nutzen spekulative Händler Futures, um von Preisbewegungen zu profitieren.

Zusammengefasst: Optionen bieten Flexibilität, da der Käufer das Recht hat, aber nicht die Verpflichtung zur Ausübung hat. Futures hingegen sind verbindliche Verträge, bei denen beide Parteien die Transaktion durchführen müssen.

Beide Finanzinstrumente werden in verschiedenen Szenarien eingesetzt, einschließlich Absicherung gegen Preisänderungen, Spekulation und Portfolio-Management. Es ist wichtig, sich bewusst zu sein, dass der Handel mit Optionen und Futures mit erheblichen Risiken verbunden ist und Fachwissen erfordert. Es wird empfohlen, sich vor dem Handel gut zu informieren.

Risiken:

Der Handel mit Optionen und Futures kann sehr risikoreich sein, da sie gehebelte Produkte sind. Das bedeutet, dass sowohl Gewinne als auch Verluste deutlich größer sein können als der ursprünglich investierte Betrag.

Es ist wichtig, die Funktionsweise dieser Derivate gut zu verstehen, bevor man damit handelt, und es wird dringend empfohlen, nur mit Geld zu handeln, das man sich leisten kann zu verlieren.

Es ist ratsam, sich weiter zu informieren oder sich an einen Finanzberater zu wenden, wenn man beabsichtigt, mit Optionen und Futures zu handeln, da sie fortgeschrittene Finanzinstrumente sind.

Anleihenhandel

Der Anleihenhandel bezieht sich auf den Kauf und Verkauf von Anleihen auf dem Finanzmarkt. Anleihen sind Schuldtitel, die von Unternehmen, Regierungen oder anderen Institutionen ausgegeben werden, um Kapital zu beschaffen. Im Gegenzug für den Kauf einer Anleihe erhält der Käufer regelmäßige Zinszahlungen (Kupons) und zum Ende der Laufzeit den Nennbetrag zurück.

Hier sind einige wichtige Aspekte des Anleihenhandels:

1. Primärmarkt:
Der Primärmarkt ist der Ort, an dem neu ausgegebene Anleihen erworben werden können. Dies geschieht normalerweise über Auktionen oder Direktplatzierungen durch Emittenten.

2. Sekundärmarkt:
Der Sekundärmarkt ist der Markt, auf dem bereits ausgegebene Anleihen zwischen Anlegern gehandelt werden. Hier können Anleger Anleihen kaufen oder verkaufen, nachdem sie bereits emittiert wurden.

3. Handelsplattformen:
Anleihen werden auf verschiedenen Handelsplattformen gehandelt, darunter Börsen, elektronische Handelsplattformen und Over-the-Counter (OTC)-Märkte.

4. Kursnotierung:
Der Preis einer Anleihe wird in der Regel als Prozentsatz des Nennbetrags angegeben. Wenn beispielsweise eine Anleihe zu 100% ihres Nennwerts gehandelt wird, bedeutet das, dass sie zum Nennwert verkauft wird. Bei einem Kurs von 95% würde sie mit einem Rabatt gehandelt.

5. Kuponzahlungen:

Anleihen zahlen regelmäßig Zinsen an die Inhaber, die vom festen Zinssatz und der Laufzeit der Anleihe abhängen.

6. Laufzeit:

Die Laufzeit einer Anleihe bezieht sich auf den Zeitraum, für den sie ausgegeben wird. Dies kann von kurzen Laufzeiten von einigen Monaten bis hin zu langfristigen Anleihen von mehreren Jahrzehnten reichen.

7. Risiken:

Anleihen unterliegen verschiedenen Risiken, einschließlich Zinsrisiko, Kreditrisiko und Liquiditätsrisiko. Diese Risiken können sich auf die Rendite und den Wert der Anleihe auswirken.

8.Arten von Anleihen:

Es gibt verschiedene Arten von Anleihen, darunter Staatsanleihen (von Regierungen ausgegeben), Unternehmensanleihen (von Unternehmen ausgegeben), Kommunalanleihen (von lokalen Regierungen ausgegeben) und Pfandbriefe (von Finanzinstituten ausgegeben).

9.Rendite und Kurs:

Die Rendite einer Anleihe bezieht sich auf die effektive Rendite, die ein Anleger erzielt, wenn er die Anleihe bis zur Fälligkeit hält. Sie berücksichtigt den Kaufpreis, den Zinssatz und die Restlaufzeit. Der Kurs einer Anleihe kann über oder unter dem Nennwert liegen.

10.Kreditrating:

Ratingagenturen bewerten die Kreditwürdigkeit von Emittenten und vergeben Ratings, die anzeigen, wie sicher die Anleihe ist. Höhere Ratings gelten als sicherer, während niedrigere Ratings höheres Risiko signalisieren.

11.Zinsen und Kupon:

Der Zinssatz, den eine Anleihe zahlt, wird als Kupon bezeichnet. Ein Anleger, der eine Anleihe mit einem Kupon von 5% besitzt, erhält jährlich 5% des Nennwerts als Zinszahlung.

12.Laufzeitprofile:

Anleihen können unterschiedliche Laufzeiten haben, von kurzfristigen (wenige Monate) bis zu langfristigen (mehrere Jahrzehnte) Anleihen. Die Wahl der Laufzeit beeinflusst die Rendite und das Risiko.

13.Inflationsschutzanleihen:
In einigen Ländern werden Anleihen ausgegeben, die vor Inflation schützen sollen. Die Rendite solcher Anleihen ist oft an einen Inflationsindex gekoppelt.

14.Handelsvolumen und Liquidität:
Einige Anleihen haben höheres Handelsvolumen und sind leichter zu kaufen oder zu verkaufen (hohe Liquidität), während andere weniger liquide sein können.

15.Steuerliche Aspekte:
Die Besteuerung von Anleihen kann je nach Land und Art der Anleihe variieren. Manche Anleihen können steuerliche Vorteile bieten.

16.Anleihenindizes:
Es gibt Indizes, die die Performance von Anleihenmärkten messen, wie z.B. der Bloomberg Barclays Global Aggregate Bond Index oder der FTSE MTS Eurozone Government Bond Index.

Der Anleihenhandel ist ein wichtiger Bestandteil der Finanzmärkte und spielt eine entscheidende Rolle bei der Kapitalbeschaffung für Unternehmen und Regierungen. Anleger können Anleihen als Teil ihres Portfolios nutzen, um Erträge zu generieren und ihr Risikoprofil zu diversifizieren.

ETFs

Ein ETF (Exchange-Traded Fund) ist ein Investmentfonds, der an einer Börse gehandelt wird, ähnlich wie eine Aktie. Er repräsentiert eine Sammlung von Vermögenswerten wie Aktien, Anleihen, Rohstoffe oder andere Finanzinstrumente. Hier sind die wichtigsten Merkmale von ETFs:

1. Diversifikation: ETFs ermöglichen es Anlegern, in eine breite Palette von Vermögenswerten zu investieren. Ein einzelner ETF kann Hunderte oder sogar Tausende von verschiedenen Wertpapieren enthalten. Dies reduziert das Risiko im Vergleich zur Investition in einzelne Aktien oder Anleihen.

2. Handelbarkeit an Börsen: ETFs können während der Handelszeiten an Börsen gekauft und verkauft werden, ähnlich wie Aktien. Dies bedeutet, dass Anleger die Flexibilität haben, ihre Positionen zu einem aktuellen Marktpreis zu handeln.

3. Transparenz: ETFs veröffentlichen in der Regel regelmäßig eine Liste ihrer Bestände, so dass Anleger genau wissen, welche Vermögenswerte sie besitzen.

4. Kosten: ETFs tendieren dazu, niedrigere Verwaltungsgebühren zu haben im Vergleich zu aktiv verwalteten Fonds. Dies liegt daran, dass sie oft einem passiven Anlageansatz folgen, der darauf abzielt, einen bestimmten Index nachzubilden, anstatt aktiv zu versuchen, den Markt zu schlagen.

5. Steuerliche Vorteile: ETFs haben in der Regel eine steuerlich effiziente Struktur. Aufgrund der Art und Weise, wie sie gehandelt werden, entstehen weniger steuerliche Belastungen im Vergleich zu einigen anderen Anlageformen.

6. Vielfalt an Anlageklassen: Es gibt ETFs, die in verschiedene Anlageklassen investieren, wie z.B. Aktien, Anleihen, Rohstoffe, Immobilien und sogar alternative Anlagen wie Hedgefonds-Strategien.

7. Liquidität: Da ETFs an Börsen gehandelt werden, bieten sie in der Regel hohe Liquidität. Das bedeutet, dass es oft leicht ist, in und aus einer Position zu gelangen.

8. Dividenden und Erträge: ETFs können Dividenden oder Zinsen aus den zugrunde liegenden Vermögenswerten an die Anleger ausschütten.

9. Passiver Anlagestil: Viele ETFs folgen einem passiven Anlagestil, was bedeutet, dass sie versuchen, die Performance eines bestimmten Index zu replizieren, anstatt zu versuchen, den Markt zu schlagen. Es gibt jedoch auch aktiv verwaltete ETFs.

10.Strategien und Faktor-ETFs: Es gibt ETFs, die bestimmte Anlagestrategien verfolgen, wie z.B. Value-Investing, Wachstumsstrategien oder Dividendenwachstum. Faktor-ETFs zielen darauf ab, bestimmte Eigenschaften wie niedrige Volatilität oder hohe Qualität zu nutzen.

11.Rebalancing: Da viele ETFs einen passiven Ansatz verfolgen, müssen sie gelegentlich neu ausbalanciert werden, um sicherzustellen, dass sie den zugrunde liegenden Index genau nachbilden.

12.Ausschüttende und thesaurierende ETFs: Einige ETFs schütten die erhaltenen Erträge an die Anleger aus, während andere die Erträge wieder reinvestieren.

Es gibt eine Vielzahl von ETFs auf dem Markt, die sich auf unterschiedliche Anlagestrategien, Regionen und

Branchen konzentrieren. Es ist wichtig, die spezifischen Merkmale eines ETFs zu verstehen, bevor man investiert, um sicherzustellen, dass er zu den eigenen Anlagezielen passt.

Arten von ETFs

Index-ETFs: Diese bilden die Performance eines bestimmten Index wie dem S&P 500, dem DAX oder anderen nach.

Sektor-ETFs: Diese konzentrieren sich auf einen bestimmten Wirtschaftssektor wie Technologie, Gesundheitswesen oder Energie.

Länder- oder Regionen-ETFs: Diese investieren in Aktien oder Anleihen eines bestimmten Landes oder einer bestimmten Region, wie z.B. Europa, Asien oder Schwellenländer.

Rohstoff-ETFs: Diese verfolgen die Preisentwicklung von Rohstoffen wie Gold, Silber, Öl oder Agrarrohstoffen.

Anleihen-ETFs: Diese investieren in eine Auswahl von Anleihen unterschiedlicher Laufzeiten und Kreditqualitäten.

Derivate und Komplexe Finanzinstrumente

Derivate sind Finanzinstrumente, deren Wert von der Entwicklung eines anderen Vermögenswerts abgeleitet ist, wie beispielsweise Aktien, Anleihen, Rohstoffe oder Währungen. Sie ermöglichen es Anlegern, auf Preisbewegungen zu spekulieren, ohne den Vermögenswert selbst zu besitzen. Beispiele für Derivate sind Optionen, Futures, Swaps und CFDs (Differenzkontrakte).

Komplexe Finanzprodukte sind spezielle Anlageinstrumente, die oft aus Derivaten bestehen und sich durch eine höhere Komplexität und ein höheres Risiko auszeichnen. Sie werden oft von professionellen Anlegern und institutionellen Investoren genutzt, da sie ein tieferes Verständnis der Finanzmärkte erfordern. Beispiele für komplexe Finanzprodukte sind strukturierte Produkte, Collateralized Debt Obligations (CDOs) und Credit Default Swaps (CDS).

Hier sind etwas detailliertere Informationen zu Derivaten und komplexen Finanzprodukten:

1. Derivate

Optionen: Eine Option gibt dem Käufer das Recht, aber nicht die Verpflichtung, einen bestimmten Vermögenswert zu einem festgelegten Preis zu kaufen (Call-Option) oder zu verkaufen (Put-Option).

Futures: Ein Futures-Kontrakt verpflichtet den Käufer, einen Vermögenswert zu einem bestimmten Preis zu einem festgelegten zukünftigen Zeitpunkt zu kaufen oder zu verkaufen.

Swaps: Swaps sind Vereinbarungen, bei denen zwei Parteien Finanzinstrumente, Cashflows oder andere Vermögenswerte austauschen, basierend auf bestimmten Bedingungen (z.B. Zinsen tauschen).

CFDs (Differenzkontrakte): CFDs sind Abkommen, bei denen die Differenz zwischen dem Kauf- und Verkaufspreis eines Vermögenswerts ausgezahlt wird, ohne den tatsächlichen Vermögenswert zu besitzen.

2. Komplexe Finanzprodukte

Strukturierte Produkte: Diese kombinieren verschiedene Finanzinstrumente, oft Derivate, zu einem einzigen Anlageprodukt. Sie können eine maßgeschneiderte Risiko-Rendite-Profil bieten.

Collateralized Debt Obligations (CDOs): CDOs sind Anleihen, die durch eine Mischung aus verschiedenen Arten von Schuldverschreibungen oder Krediten unterstützt werden. Sie wurden in der Finanzkrise 2008 bekannt.

Credit Default Swaps (CDS): CDS sind Versicherungen gegen Kreditausfälle von Anleihen oder Krediten. Eine Partei zahlt regelmäßig Prämien und erhält im Falle eines Kreditausfalls eine Entschädigung.

Es ist entscheidend zu verstehen, dass diese Produkte oft mit einem höheren Risiko verbunden sind. Sie erfordern ein fortgeschrittenes Verständnis der Finanzmärkte und eine sorgfältige Risikoabwägung. Anleger sollten sich vor der Nutzung solcher Produkte gründlich informieren und möglicherweise Ratschläge von Experten einholen.

Algorithmisches Trading und Hochfrequenzhandel

Algorithmisches Trading bezieht sich auf den Einsatz von Computerprogrammen und Algorithmen, um Handelsentscheidungen an den Finanzmärkten zu treffen. Diese Algorithmen analysieren Marktdaten, treffen Entscheidungen basierend auf vor definierten Regeln und setzen dann automatisch Handelsaufträge um. Dieser Ansatz ermöglicht es, komplexe Handelsstrategien umzusetzen und kann sowohl von individuellen Anlegern als auch von institutionellen Investoren eingesetzt werden.

Hochfrequenzhandel (HFT) ist eine spezielle Form des algorithmischen Handels, bei der große Mengen von Finanzinstrumenten in sehr kurzer Zeit gehandelt werden, oft in Millisekunden. HFT-Systeme nutzen die Geschwindigkeit moderner Computertechnologie aus, um von kleinsten Kursbewegungen zu profitieren. Dieser Handelsansatz erfordert spezialisierte Infrastruktur und leistungsstarke Rechenkapazitäten.

Beide Ansätze sind wichtige Bestandteile der modernen Finanzmärkte und können erheblichen Einfluss auf die Marktdynamik haben. Es ist jedoch wichtig zu beachten, dass sowohl algorithmisches Trading als auch Hochfrequenzhandel mit bestimmten Risiken verbunden sind und regulatorische Aspekte berücksichtigt werden müssen.

Beispiel für algorithmisches Trading

Angenommen, ein Anleger möchte eine bestimmte Handelsstrategie verfolgen, bei der er automatisch Aktien verkauft, wenn ihr Preis einen bestimmten Schwellenwert erreicht. Er könnte ein Computerprogramm schreiben oder eine Handelsplattform verwenden, um diese Strategie zu automatisieren. Das Programm würde dann kontinuierlich den Aktienkurs überwachen und den Verkaufsauftrag auslösen, sobald der Schwellenwert erreicht wird.

Beispiel für Hochfrequenzhandel

Im Hochfrequenzhandel verwenden Firmen spezialisierte Handelsalgorithmen und leistungsstarke Computer, um innerhalb von Millisekunden große Mengen von Finanzinstrumenten zu kaufen und zu verkaufen. Zum Beispiel könnten sie von winzigen Kursbewegungen profitieren, indem sie tausende von Aktien eines Unternehmens kaufen und sofort verkaufen, wenn der Preis minimal steigt. Diese Transaktionen erfolgen so schnell, dass sie für menschliche Trader kaum zu erfassen sind.

Portfolio-Diversifikation

Portfolio-Diversifikation ist eine Anlagestrategie, bei der ein Investor sein Kapital in eine Vielzahl unterschiedlicher Anlageklassen, Branchen, Märkte oder Vermögenswerte investiert, um das Risiko zu streuen. Das Ziel dieser Strategie ist es, das Gesamtrisiko im Portfolio zu reduzieren, ohne dabei notwendigerweise die erwartete Rendite zu verringern.

Durch die Diversifikation kann ein Investor das Ausmaß der Verluste reduzieren, die durch negative Entwicklungen in einem bestimmten Markt oder einer bestimmten Anlageklasse verursacht werden könnten. Wenn beispielsweise ein Teil des Portfolios in Aktien investiert ist und ein anderer Teil in Anleihen, können Verluste in den Aktien durch mögliche Gewinne in den Anleihen ausgeglichen werden.

Es ist wichtig zu betonen, dass Diversifikation nicht bedeutet, wahllos in verschiedene Anlagen zu investieren, sondern sorgfältig ausgewählte Vermögenswerte zu wählen, die sich ergänzen und unterschiedliche Risikoprofile haben. Eine effektive Diversifikation hängt von einer gründlichen Analyse der verschiedenen Anlageoptionen ab.

Es ist auch wichtig zu beachten, dass selbst bei diversifizierten Portfolios das Risiko nie vollständig beseitigt werden kann, da es immer Marktrisiken und andere Faktoren gibt, die auf die Performance eines Portfolios Einfluss nehmen können.

Abschluss

In diesem Buch haben wir eine umfassende Reise durch die Welt des Tradings unternommen, vollgepackt mit wertvollem Wissen und praxiserprobten Strategien. Denken Sie daran, dass der Weg zum erfolgreichen Trading eine Kombination aus fundierter Analyse, klaren Zielen und vor allem einer disziplinierten Umsetzung ist. Mögen die Erkenntnisse aus diesem Buch Ihnen helfen, Ihre finanziellen Ziele zu erreichen und Ihre Trading-Reise zu bereichern. Investieren Sie weiterhin in Wissen und seien Sie stets offen für neue Entwicklungen. Die Märkte mögen sich ändern, aber die Grundprinzipien des erfolgreichen Tradings bleiben bestehen.

www.ingramcontent.com/pod-product-compliance
Lightning Source LLC
Chambersburg PA
CBHW072331290526
45794CB00002B/831